# SB
# BEFREITES WOHNEN

UMSCHLAGBILD

M. E. HÄFELI
HAUS AN DER WASSERWERKSTRASSE (ZÜRICH)

Foto Hubacher. Beschriftung S. Giedion

Faksimile edition with separate commentary
and translation


www.lars-mueller-publishers.com

ISBN 978-3-03778-568-3 (English)
ISBN 978-3-03778-581-2 (German)

Printed in Germany

**HERAUSGEBER: Dr. EMIL SCHAEFFER**

SCHAUBÜCHER 14

# BEFREITES WOHNEN

„Wie bei Pflanzen und Tieren, so erscheint auch in der Architektur eine neue Rasse erst nach dem Verschwinden der alten.

Die Rasse der HOHENPRIESTER DER STEIN-ARCHITEKTUR wird, wie die vorsündflutlichen Tiere, verschwinden müssen, um einem neuen konstruktiven Geschlecht Platz zu machen."

JOBARD, 1849.

„Die Häuserform wird sich ebenso schnell ändern, wie die Kleiderform sich geändert hat, und auch die Führung des Haushalts wird einen Umschwung erleben. Es hat lange gebraucht, aber jetzt wird der Fortschritt sehr rasch vor sich gehen. Eine Entwicklung des Hauses war bis jetzt nicht möglich, weil die Wohnhäuser so massiv gebaut wurden, daß man sie nicht umformen konnte."

HENRY FORD, 1929.

Aus einem Interview mitgeteilt von A. M. Smith.

## 85 BILDER ERLÄUTERT VON S. GIEDION

ORELL FÜSSLI VERLAG / ZÜRICH - LEIPZIG

## VORBEMERKUNG

Es ist ganz gut, wenn der Autor einmal nicht zu „Wort" kommen kann und gezwungen ist, sich auf optische Art auszudrücken. Also in diesem Fall: mehr durch Anordnung und Gegenüberstellungen (im positiven Sinn) klarzumachen, als durch Erläuterungen.

Auch das knappe Format, die Einordnung in eine große Serie, kann heilsam wirken. Der Autor wird dadurch genötigt, den zur Verfügung stehenden Raum möglichst auszunützen. Daraus ergibt sich zwangsläufig eine größere Konzentration der Bildanordnung und für den Leser vielleicht eine eindringlichere Uebersicht.

Wir wollen nicht die Kenntnis einzelner Bauten vermitteln, sondern die heutige ANSCHAUUNG. (Deshalb war es nötig, die Bauten in Details zu zerreißen und anzuordnen, wo es tunlich erschien. Grundrisse und Preise wurden nur angegeben, wo ohne sie die Abbildungen sinnlos wären: bei der Wohnung für das Existenzminimum.) Es ist versucht worden, dem Leser auch einen Blick in die Entwicklung zu geben, wie sie augenblicklich im Entstehen begriffen ist.

Frauenkirch-Lengmatt S. GIEDION.
März 1929.

## BEDÜRFNISSE:

### WIR WOLLEN BEFREIT SEIN:

vom Haus mit dem Ewigkeitswert und seiner Folge
vom Haus mit den teuren Mieten
vom Haus mit den dicken Mauern und seiner Folge
vom Haus als Monument
vom Haus, das uns durch seinen Unterhalt versklavt
vom Haus, das die Arbeitskraft der Frau verschlingt.

### WIR BRAUCHEN DAFÜR:

das billige Haus
das geöffnete Haus
das Haus, das uns das Leben erleichtert.

## SCHÖNHEIT?

SCHÖN ist ein Haus, das unserem Lebensgefühl entspricht. Dieses verlangt: LICHT, LUFT, BEWEGUNG, ÖFFNUNG.

SCHÖN ist ein Haus, das leicht aufruht und allen Bedingungen des Terrains sich anpassen kann.

SCHÖN ist ein Haus, das gestattet, in Berührung mit Himmel und Baumkronen zu leben.

SCHÖN ist ein Haus, das an Stelle von Schatten (Fensterpfeiler) Licht hat (Fensterwände).

SCHÖN ist ein Haus, dessen Räume kein Gefühl von EINGESPERRTSEIN aufkommen lassen.

SCHÖN ist ein Haus, dessen Reiz aus dem Zusammenwirken wohlerfüllter Funktionen besteht.

## RICHTLINIEN

### Bisherige Anschauung:

1 in **ökonomischer Beziehung**:

**Das Haus ist ein Ewigkeitswert.** Will man Hypotheken darauf bekommen, so muß es als Kapitalanlage gleichsam für die Ewigkeit gebaut sein. Diese übertriebene Solidität drückt sich für den Verbraucher in übersetzten Mietpreisen aus.

2 in Beziehung auf die **Herstellung**:

Im Gegensatz zur übrigen Produktionsweise wird das Haus **auf handwerklicher Basis** erstellt. Das ist teuer und unzweckmäßig, aber der Unternehmer hat keinen Grund, billiger zu bauen, denn er verdient ebenso wie der Architekt bei höherem Preis im allgemeinen mehr. Selbst der Bauherr wird nicht geschädigt, denn: je höher der Preis, um so höher die Hypothek. Bloß der **Konsument hat die Rechnung zu bezahlen.**

3 In Bezug auf den **Ausdruck**:

in Uebereinstimmung mit der handwerklichen Handlungsweise, die sich seit dem Bestehen unserer Kultur zwar verfeinert, aber im Grund nicht geändert hat, besteht das Haus aus tragenden Mauern. Oeffnungen sind nur schwer in größerem Umfang anzubringen. Das Haus hat zu repräsentieren. Man muß die Dicke seiner Mauern (Anzeichen von Solidität) mit Händen greifen können. Diesem, vielen besonderes Vertrauen einflößenden Bestreben, verdankt man das ganze Elend der massiven kerker- oder palastförmigen Häuser, Mietskasernen und öffentlichen Bauten. Sie schliessen sich nicht nur **festungsmäßig** gegen Außen zu ab, ihre Starrheit erlaubt keine Aenderungen im Innern, um den Forderungen, die heute gestellt werden, nachkommen zu können.

4 in Bezug auf die **Wirtschaft**:

Die Wirtschaft übt die Diktatur über den Menschen. Deshalb wohnen 95% in unzulänglichen Wohnungen, denn ihr Einkommen reicht nicht aus, in besseren zu wohnen. Die Produktion ist wichtiger als der Mensch.

# RICHTLINIEN

## Heutige Anschauung:

1 in **ökonomischer Beziehung:**

**Das Haus ist ein Gebrauchswert.** Es soll in absehbarer Zeit abgeschrieben und amortisiert werden. Ein weitblickender, im Weltkrieg gefallener italienischer Architekt (Sant' Elia) sprach 1914 bereits die Formel aus: Jeder Generation ihr Haus!

2 in Bezug auf die **Herstellung:**

Im Gleichklang zur übrigen Produktionsweise wird das Haus **auf industrieller Basis** erstellt. Das ist, wenn einmal Unternehmer, Bauherrn, Geldgeber, Architekten die Umstellung vollzogen haben, billiger und zweckmäßiger. Die Erfahrung lehrt, daß, bei rationeller, industrieller Herstellung, auch komplizierte Produkte (z. B. Autos) im Preise sinken und in der Qualität steigen. Die Vorteile trägt der **Konsument: Verbilligung der Mieten,** ohne daß bei richtiger Umstellung die Gesamtwirtschaft zu kurz käme. Es ist dies auch der einzige Weg, um ohne Subventionierung dem Mann mit dem Existenzminimum eine Wohnung schaffen zu können.

3 in Bezug auf den **Ausdruck:**

Wir brauchen heute ein Haus, das sich in seiner ganzen Struktur im Gleichklang mit einem durch Sport, Gymnastik, sinngemäße Lebensweise befreiten Körpergefühl befindet: **leicht, lichtdurchlassend, beweglich.** Es ist nur eine selbstverständliche Folge, daß dieses geöffnete Haus auch eine Widerspiegelung des heutigen seelischen Zustandes bedeutet: Es gibt keine isolierten Angelegenheiten mehr. Die Dinge durchdringen sich.

4 in Bezug auf die **Wirtschaft:**

Der Mensch hat die Diktatur über die Wirtschaft. Deshalb werden die Bedingungen für das Mindestmaß an Wohnraum objektiv festgestellt und die Wirtschaft muß Mittel und Wege finden, diesen Forderungen nachzukommen. Der Mensch ist wichtiger als die Produktion.

Wir wollen, bei aller zeitweiligen Isolierungsmöglichkeit, ein Haus, das uns nicht wie ein Korsett umschließt und intensivere Fühlung mit Boden, Himmel und Außenwelt anstrebt als es bisher möglich war. Es ist klar, daß Skelettkonstruktionen (die tragenden Teile werden dabei auf wenige Punkte reduziert) oder Mischkonstruktionen (Skelett mit Mauerwerk kombiniert) diese Wünsche in ihrem ganzen Wesen tragen, denn sie gestatten ein viel elastischeres Eingehen auf die menschlichen Bedürfnisse als das Haus mit den tragenden Mauern. Im Innern können die tragenden Wände gerade oder gebogen sein wie und wo man sie braucht. Nach außen zu schützt eine Haut gegen die Unbill der Witterung und teilt häufig ihre Funktion in verschiedene Schichten (Nässeabhaltung, Wärmeisolierung), wenn man nicht, wie Le Corbusier es jetzt in großem Umfang in Rußland versucht, an Stelle der Zentralheizung, die Schicht zwischen der Außenhaut und Innenhaut durch einen zirkulierenden Luftstrom erwärmt.

Wir betonen gerade die innere Einheit von Industrialisierung, Konstruktion und Gefühl, ohne im Augenblick auf die wichtigste Seite des Hauses: seine Organisation, einzugehen, denn es hat sich gezeigt, daß die Anschauung, ein Bau sei eine Angelegenheit der Ewigkeit und ein Erzeugnis handwerklicher Tradition, allmählich eine die Allgemeinheit schädigende Form angenommen hat. Diese Anschauung hat die Fassaden gezeugt, die repräsentative Ewigkeit darstellen oder doch vortäuschen. Die Entwicklung wurde künstlich unterbunden. Der Zustand, in dem sich das Bauen gegenüber andern Gebieten des heutigen Lebens befindet, muß dilettantisch genannt werden. Das Haus ist nur an wenigen Punkten durchgebildet, überall ist der Architekt heute noch gezwungen, Kleinarbeit zu leisten, so daß er seine Kräfte zersplittert, ehe er zur Durchorganisation des Ganzen kommt. Es gibt z. B. kaum richtige Tür- oder Fensterlösungen. Alles hat die Fassade geschluckt.

## DER MENSCH

Im Mittelpunkt der baulichen Entwicklung steht heute ohne Zweifel das **Wohnen;** bestimmter noch: die Wohnung für JEDERMANN, die Gestaltung der MASSENWOHNUNG. Weder dem Monumentalbau noch der Fabrik kommen heute gleiche Bedeutung zu. Das heißt: wir beschäftigen uns seit langer Zeit wieder mit dem MENSCHEN.

Es ist zwar nicht der Mensch mit der besonders angefertigten Tapete. Es ist der Mensch, der überall wächst, der Mensch mit dem verschütteten Unterbewußtsein, den unbefreiten Klemmungen und den unkontrollierbar von überall auf ihn einwirkenden Strömen, die ihn verwirren, ohne daß er ihrer Herr werden könnte.

Es ist der heutige Mensch, der sich nicht abwendet und mitten im Getriebe steht. Er gibt nicht dem Getriebe schuld, wenn er versagt, sondern der mangelnden Handhabung des Getriebes.

Darum streben wir mit größerer Intensität als frühere Generationen nach einem entspannten Körper und nach dem Gleichgewicht zwischen Körper und Seele. Wir teilen keine Zensur aus, wem von beiden das Vorrecht gebührt. Wir brauchen beide. Wechselwirkung.

Wir kennen die organisch richtige Behandlungsweise unseres Körpers und unserer Seele sehr unvollkommen. Aber wir wissen wenigstens, daß es so ist, und das verleiht uns den Trieb, bei aller damit verbundenen Gefahr, die Grenzen unserer Möglichkeiten abzutasten und weiter: auf allen Gebieten den Mut zum EXPERIMENT. Gleichzeitig stellt sich ein Gefühl der Verantwortlichkeit ein und das Bewußtsein, daß wir am Beginn einer weiten Entwicklung stehen.

Wir erkennen, daß gerade das tägliche Leben (Industrie, Wirtschaft) aus sich heraus und vielfach unerkannt und unbewußt, ELEMENTE geschaffen hat, die viel tiefer in unserm Gefühl verankert sind, als die „schönste Linie". Unsere Aufgabe ist es, diese Elemente zu fassen und sie handhaben zu lernen.

Es war ein Verhängnis, daß das 19. Jahrhundert überall Schnitte machte, die Lebensäußerungen einzeln wertete und isolierte: Kunst, Technik, privates, öffentliches Leben.

Wir brechen mit der unmöglichen ZWEIHEIT, das produktive Leben (Bureau, Fabrik, Verkehr) vom abseitig-privaten ausdrucksgemäß zu trennen und beide dadurch zu entwerten; also etwa das private Leben in eine bis zur Verlogenheit gehende Süßlichkeit zu betten (Wohnkultur des 19. Jahrhunderts zur Zeit der Industrialisierung), das produktive Leben aber der Trostlosigkeit zu überlassen (Zustand der Arbeitsstätten im 19. Jahrhundert).

Lebenshaltung, Haus, Produktion entspringen der gleichen Quelle: dem Menschen! Ueberall ist der gleiche Mensch am Werk. Ueberall verlangen wir **gleiche Gestaltungsmittel.** Vergessen wir nicht: die Spaltungserscheinungen des vergangenen Jahrhunderts bestehen heute noch (Akademien, ästhetische Baugesetze etc.). Aber wir sind daran, sie zu überwinden.

Bei aller Erkenntnis unseres Anfangsstadiums dürfen wir doch seit langem wieder zum erstenmal konstatieren, daß die Möglichkeiten, die die Realität enthält, mit unsern innern Wünschen im Gleichklang stehen. Nur ausgebildet müssen sie werden.

## DIE WOHNUNG FÜR DAS EXISTENZMINIMUM

Die wichtigste Aufgabe des heutigen Bauens, die Wohnung für die Leute mit dem kleinsten Einkommen, ist bis heute ungelöst.

Ungelöst in materieller Beziehung: Zwischen dem Herstellungspreis einer menschenmöglichen Wohnung und den niederen Einkommen klafft ein unüberbrückbarer Spalt.

Dies ist durchaus verständlich. Die handwerklichen Baumethoden, die immer noch angewendet werden, sind trotz genauer Ausbildung am Ende ihrer Entwicklungsmöglichkeit. Sie stehen im Widerspruch zur industriellen Herstellungsart der übrigen Gebrauchsartikel. Sie müssen zwangsläufig zu teuer sein.

Die industriellen Baumethoden aber, die entwicklungsfähig sind, stecken — zum Teil infolge künstlicher Unterdrückung — fast noch in den Kinderschuhen. Vergleichbar sind sie etwa mit dem Stand der Eisenindustrie um 1850. Auch damals konnte ein handgeschmiedetes Stück Eisen mit einem maschinell erzeugten in Konkurrenz treten. Allerdings nicht auf lange hinaus.

In gleicher Weise tritt heute im Hausbau etwa der raffiniert ausgebildete Ziegelbau mit industriellen Herstellungsmethoden in erfolgreichen Wettbewerb. Aber man vergesse nicht: hier berühren sich Ende und Anfang einer Leistungsfähigkeit*).

Mittels Subventionen, durch die heute die Blößen des Baubetriebs verdeckt werden, kann das Haus für das EXISTENZMINIMUM niemals gelöst werden. Sie sind nur Anzeichen, daß der übliche handwerkliche Baubetrieb am Ende ist und mit den Problemen, die das Leben stellt, nicht mehr fertig werden kann.

Hand in Hand mit einer wirksamen Industrialisierung geht die Forderung nach weitausgedehnten Baugeländen, die das industrielle Verfahren überhaupt erst zur Auswirkung kommen lassen. Mit andern Worten: Bodenreform, Vereinigung des lebenswichtigen Baulandes in einer öffentlichen Hand, weitgehend organisierte Landesplanung. Aber die Wohnung für das Existenzminimum ist auch in anderer Hinsicht noch ungelöst: als BAUAUFGABE.

---

*) Früher nahm man die Baumaterialien gleichsam in fertiggewachsenem Zustand aus der Natur. Man nützte einfach die Eigenschaften aus, die sie für ihre natürliche Verwendung hatten. Gegenüber den vorindustriellen Materialien Holz, Granit, Haustein, die nur unter großen Schwierigkeiten zu Funktionen überlistet werden konnten, die über jene hinausgingen, für die sie in ihrem Naturzustand gewachsen waren, ist es das Kennzeichen der Baumaterialien der letzten hundert Jahre: Glas, Eisen, Eisenbeton, daß sie nicht im Fertigzustand gewonnen werden.
Laboratoriumsmäßig setzen wir die neuen Materialien gleichsam aus Elementen zusammen, um sie in ganz anderer Weise als früher für unsere Zwecke gestaltbar zu machen. Wir bauen nicht nur unsere Häuser, zu allererst „bauen“ wir unsere Materialien.

Wie soll diese Wohnung aussehen?

Sie hat in erster Linie in einem Verhältnis zum Einkommen zu stehen. Aber dies sagt noch nichts über ihre Organisierung aus. Schon lange haben sich Vertreter der älteren Generationen um das Problem bemüht und eine Lösung versucht, indem sie den bürgerlichen Haustyp — unter Beibehaltung der handwerklichen Baumethoden — immer mehr verkleinerten. Folgen: Die Zimmer bekamen Dimensionen, die man nicht mehr als lebensmöglich bezeichnen kann; dafür war alles vorhanden, was zur Repräsentation des bürgerlichen Hauses gehörte: Vorräume, getrennte Stiegenhäuser, Gänge.

Das Haus für das Existenzminimum wird nicht geschaffen werden, indem man alle Details einer Villa verniedlicht und in schlechterer Ausführung wiederholt.

Das Haus für das Existenzminimum muß zugleich eine neue Wohnform werden. Gerade die Beschränktheit der Mittel und die Beschränktheit des Raumes werden sich als fördernde Faktoren erweisen. Das Haus für das Existenzminimum muß bei geringerem Preis mehr Komfort bieten, als die heute übliche bürgerliche Behausung. Das heißt, es muß besser organisiert sein und daher über einen größeren WOHNWERT verfügen. Allerdings mit den Ueberresten der Repräsentation wird gründlich aufgeräumt werden müssen.

Ingenieur und Architekt haben gemeinsam die Wohnorganisation, Anordnungen der Schlafgelegenheiten und Veränderlichkeit der Wohnmöglichkeit auf gleichem Grundriß zu schaffen. Durchgehend tritt der Wunsch auf, über einen großen freien Wohnraum zu verfügen. Immer mehr wächst die Größe seiner Glasflächen und — auch bei Miethäusern — das Verbundensein mit der Vegetation.

Alle Forschung, alle Programme müssen als oberste Richtlinie auf die Frage eingestellt sein: WAS BRAUCHT DER MENSCH?

Wird die Wohnung für das Existenzminimum ein REIHENHAUS sein oder in großen WOHNMASSIVEN untergebracht werden?

Auch diese Fragen sind heute keineswegs entschieden. Nach dem Vorbild der englischen Gartenstädte träumt man von idyllischen Existenzen auf eigener Erde. Doch auch dies führt leicht zu Unbequemlichkeiten (schwierige Bewirtschaftung einer mehrstöckigen Wohnung) und unter Umständen — in die Kleinbürgerei *).

Das MIETHAUS aber ist erst in den allerletzten Jahren auf neue Wohnmöglichkeiten, wie sie der Skelettbau oder kombinierte Konstruktionsmethoden liefern, untersucht worden. Wir stehen da ganz am Anfang. Es scheint uns aber, daß die großen Wohnkomplexe mehr Zukunft haben als Reihen- oder Einfamilienhäuser, denn wahrscheinlich wird es möglich sein, bei dieser Anordnung bei gleichem Preis einen größeren WOHNWERT zu erzielen. Das entscheidet.

Die Mietskasernen des 19. Jahrhunderts mit ihren Hinterhöfen sind eine Folge der Bodenspekulation, der schlechten Verkehrsverhältnisse von und zur Arbeitsstätte, sowie des Fehlens eines klaren Bauprogramms. Das Bauprogramm war unklar, denn die Frage: Was braucht der Mensch? wurde nur oberflächlich gestreift, keineswegs aber zur Richtlinie genommen.

In fast allen Ländern bestehen heute Gesetze, die das Elend der Hinterhäuser mildern oder ganz verhindern, ohne doch

---

*) Soll man, wenn man Reihenhäuser baut, EINZELGAERTEN oder GEMEINSAME GRUENFLAECHEN anlegen?

Le Corbusier gibt eine Lösung bereits 1922 in seinem Projekt für eine Drei Millionenstadt und 1925 in seinem „Städtebau" übersetzt (von Hans Hildebrandt, Deutsche Verlagsanstalt, Stuttgart, 1929): „Augenblickliche Lösung, in allen Ländern eingeführt und als ideale betrachtet: zu einem Häuschen gehört ein Grundstück von 400 $m^2$. Nach Errichtung des Häuschens bleibt ein Ziergarten, ein kleiner Obstgarten, ein kleiner Gemüsegarten. Verwickelte und mühevolle Unterhaltung, ein Martyrium (Romantik, Schäferidylle usw.) für die Hausfrau eine sehr schlimme, sehr unvollkommene Lösung. Die Kinder können nicht spielen, die Eltern ebensowenig (kein Sport).

Vorgeschlagen wird dagegen: Häuschen mit 100 $m^2$ Wohnfläche auf zwei Stockwerke verteilt, 50 $m^2$ Ziergarten . . . die 150 $m^2$, die vor dem Hause zum Sport bestimmt sind, reihen sich an die der Nachbarn zu Fußball, Tennis, Sprunghügelplätzen usw. Die Nutzgärten werden gleichfalls zu einheitlichen Streifen zusammengelegt." (LE CORBUSIER, „Städtebau" pag. 168/69.)

im Prinzip weiterzuführen, denn solange man schematisch Geschoßzahlen für bestimmte Stadtviertel vorschreibt, ohne die ganze Planung von dem Grad der erreichten Besonnung abhängig zu machen, solange klebt man an frisierten Fassaden und Blockbauten (Randbebauung).

Unseres Wissens hat zum ersten Mal Augustin Rey auf dem internationalen Tuberkulosekongreß in Washington 1908 darauf aufmerksam gemacht, daß die Grundlage des Stadtbaus die Orientierung nach der Sonne sein muß und daß vor allem darauf zu achten sei, daß jede Wohnung direkt von Sonnenstrahlen getroffen werde.

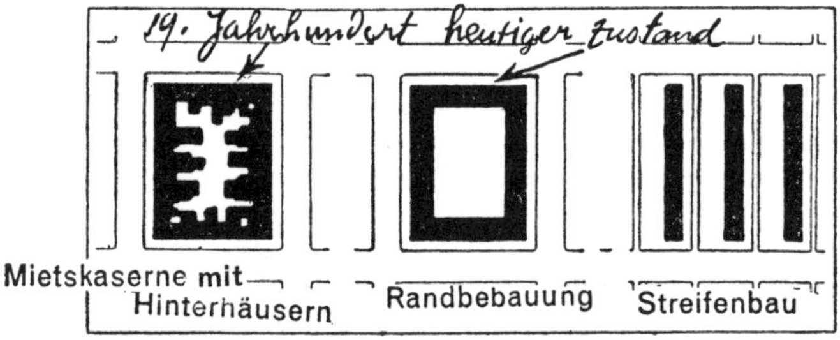


Auf der Grundlage der Sonnenbestrahlung (vgl. Abb. 39) gelangte man zur Streifenbebauung. Die parallel gerichteten Häuserzeilen werden nach der günstigsten Besonnung ausgerichtet. Sie stehen in Grünflächen. Der Verkehr wird an den schmalen Stirnflächen vorbeigeleitet, wo er niemand stört und selbst nicht gestört wird. „Gegenüber der alten Blockbebauung hat dieser Streifenbau den Vorteil, daß die Besonnungslage für alle Wohnungen gleichmäßig günstig ausgenützt werden kann, daß die Durchlüftung der Zeilen nicht durch Querblöcke gehindert wird und daß die schlecht durchlüftbaren Eckwohnungen wegfallen" *).

---

*) Vgl. W. Gropius: „Die Wohnformen: Flach-, Mittel- oder Hochbau", in der Zeitschrift „NEUES BERLIN" herausgegeben von M. Wagner und A. Behne, April 1929.

Walter Gropius geht konsequent weiter, wenn er verlangt, daß die neuen Gesetze an Stelle der Gebäudehöhen die Siedlungsdichte setzen sollen. Er kommt auf diesem Weg zu 10stökkigen Häuserzeilen, die bei gleicher Siedlungsdichte einen mehr als achtmal größeren Abstand voneinander haben können, wie zweigeschoßige Bauten. Eine neue Freiheit und Luftdurchspültheit käme in die geöffneten Baumassen und es muß untersucht werden, was für psychische und wirtschaftliche Konsequenzen in dieser Wohnform liegen. Wir begeben uns damit auf den positiven Weg des Experiments. Nur die Erfahrung durch die Tat, nicht Ueberlegungen können hier Entscheidungen bringen.

Zwangsläufig wird das Land, das zuerst eine wirkliche Lösung für die Wohnung des Existenzminimums findet, auch den höchsten Stand des Bauens aufweisen, denn ohne Ausnützung aller heute vielfach nur im Keim vorhandenen Möglichkeiten ist eine Lösung undenkbar. Menschliche, soziale, wirtschaftliche, technische Erfordernisse sind nirgends so zwangsläufig zusammengekuppelt wie an diesem Punkt. Die Lösung dieses Problems, an dem alte Anschauungen und alte Methoden versagt haben, wird nicht nur das ganze Bauen befruchten, sondern darüber hinaus: den Menschen. Wechselwirkung.

* * *

Das Büchlein hat seinen Zweck erfüllt, wenn es die Stellung des Vorurteils ein wenig lockern hilft: „Das Haus ist ein Ewigkeitswert".

Wenn dieses Vorurteil nicht fällt, bleiben wir in der Kulissenarchitektur stecken, ganz gleichgültig, ob sie „modern" aufgemacht ist oder anders. Wäre die Umwandlung, die heute im BAUEN, im WOHNBAU vor sich geht, eine bloße FORMANGELEGENHEIT, so wäre sie wahrscheinlich rasch durchgedrungen und rasch erledigt. So aber verlangt sie Eingriffe in die Wirtschaft und den ganzen Menschen — nicht bloß in seine ästhetischen Ueberreste. Heute vollzieht sich im Bauen wenn auch in kleinerem Umfang, jene Wandlung, die vor ungefähr 100 Jahren WIRTSCHAFT und TECHNIK total veränderte.

* * *

Wir konnten an dieser Stelle nur Andeutungen geben. Das Publikum muß seine Aufklärung selbst in die Hand nehmen und an Stelle der hinfälligen ästhetischen Betrachtungsweise von der funktionalen Lösung der Bauaufgaben ausgehen und sie fordern.

In eindringlich anregender Weise unterrichtet über die — auf deutschem Boden — zur Verfügung stehenden Baumethoden und Baumaterialien das Buch:
H. und B. RASCH: WIE BAUEN? 2. Auflage, Stuttgart 1929. (Akademischer Verlag Dr. F. Wedekind.)

Auskunft über die seit einem Jahrhundert langsam sich bildenden Anschauungen, die heute gewöhnlich unter dem Namen „Neues Bauen" zusammengefaßt werden, gibt unser Buch:
BAUEN IN FRANKREICH. EISEN, EISENBETON. 2. Auflage, Leipzig 1929. (Verlag Klinckhardt & Biermann.)

# ABBILDUNGEN

## 1. Gegenüberstellungen



## 2. Bauaufgaben

### Wohnräume



### Wohnbarmachung des Miethauses



### Haus des Existenzminimums

34. J.J.P. Oud, Hoek van Holland, Grundriß 1924
35. J.J.P. Oud, Hoek van Holland, Ansicht 1926
36. J.J.P. Oud, Hoek van Holland, Ansicht 1926
37. E. May, Kleinwohnung, Frankfurt a.M. 1929
38. E. May, Kleinwohnung, Frankfurt a.M. 1929
39. F. Krause, Wettbewerb Spandau-Kleinhaselhorst (Berlin 1929), Schnitt
40. F. Krause, Wettbewerb Spandau-Kleinhaselhorst (Berlin 1929), Ansicht

**Neue Mietshäuser**

41. R.J. Neutra, Mietshaus, Los Angeles, Kalifornien 1927/28
42. H. u. B. Rasch, Hängehäuser, Projekt 1928

**Kindergärten**

43. E. May, Kindergarten Frankfurt a. M. 1927
44. Bourgon, Kinderkrippe Noméxy (Vogesen) 1928
45. Werner Moser, Kindergartenprojekt, 1928
46. Stam-Moser-Kramer, Altersheim Frankfurt a. M. 1928
47. Stam-Moser-Kramer, Altersheim Frankfurt a. M. 1928, Einzelzimmer
48. W. Kienzle, Zimmer eines Junggesellen 1927

**Schulen**

49. Fenster einer Schule im Haag 1924
50. Fenster einer Schule in Zelle 1928
51. Bruno Taut, Versuchsklasse Reformschule Neukölln 1928
52. Bruno Taut, Versuchsklasse Reformschule Neukölln 1928
53. E. May, Reformschule Bornheimer Hang, Frankfurt a. M. 1928, Ansicht
54. E. May, Reformschule Bornheimer Hang, Frankfurt a. M. 1928. Grundriß
55. Hannes Meyer, Bundesschule in Bernau 1928

**Heilstätten**

56. Schuessew, Erholungsheim in Macest 1927
57. R. Dœcker, Krankenhaus Waiblingen 1926/28
58. R. Dœcker, Krankenhaus Waiblingen 1926/28
59. Byvœt u. Duiker, Arbeitersanatorium Hilversum 1927/28, Zentralbau
60. Byvœt u. Duiker, Arbeitersanatorium Hilversum 1927/28, Grundriß
61. Byvœt u. Duiker, Arbeitersanatorium Hilversum 1927/28, Pavillon, Skelett

62. Byvœt u. Duiker, Arbeitersanatorium Hilversum 1927/28, Pavillon
63. Pfleghard u. Hæfeli, Volksheilstätte in Davos 1907
64. Pfleghard u. Hæfeli, Volksheilstätte in Davos 1907, Detail
65. Pfleghard u. Hæfeli, Volksheilstätte in Davos 1907, Liegehalle, von Gaberell

## 3. Die Oeffnung des Hauses

### Flaches und begehbares Dach

66. Steildach und Flachdach im Gebirge
67. Begehbares Dach in Ascona (um 1900)
68. Begehbares Dach in Ascona (um 1900) Ansicht
69. Flachdach im Gebirge (Parsenn)
70. Flachdach im Süden (Cesarò, Sizilien)
71. Flachdächer einer Vorstadt im Haag (um 1900)
72. Flachdächer in Afrika (Blida, Marokko)
73. Le Corbusier, Haus in Ville d'Avray 1928
74. Le Corbusier, Haus in Ville d'Avray 1928, Dachgarten

### Das Haus ohne Sockel

75. Le Corbusier, Erdgeschoß des Obdachlosenheims Paris 1927
76. M. E. Hæfeli, Pfeilerhalle, Häuser Wasserwerkstraße Zürich 1927/28

### Fenster und Fensterwand

77. Le Corbusier, Schiebefenster, Obdachlosenheim Paris 1928
78. R. J. Neutra, Fensterwand des Appartement Hauses in Los Angeles 1927/28
79. R. Steiger, Schiebefenster, Kilchberg-Zürich 1927/28
80. R. Steiger, Schiebefenster, Kilchberg-Zürich 1927/28 Detail
81. Le Corbusier, Haus in Ville d'Avray 1928, Fensterwand

### Luft, Licht und Bewegung

82. Sportplatz auf dem Hausdach (André Lurçat) Paris 1927
83. Tennisspielerin
84. Schwimmbassin aus Glasbeton, Entwurf von H. und B. Rasch, 1928
85. Strandbad
86. Stadion der olympischen Spiele in Amsterdam 1926/28 Arch. Jan Wils.

1

Foto S. G.

Wir verkleben unsere Häuser mit „monumentalen" Mauern, trotzdem neue Konstruktionsmöglichkeiten uns alle Mittel in die Hand geben, um in unsere Wohn- und Arbeitsräume Licht und Luft einströmen zu lassen.

2

1833

ROUHAULT FILS

**Glashaus**
**Jardin**
**des plantes**
**in Paris**

Foto S. G.

Das erste auch konstruktiv über die englischen Glashäuser hinausgehende Warmhaus.

Pflanzen brauchen Licht und Wärme. Wir brauchen Licht und Wärme. Trotzdem hat es nahezu hundert Jahre gedauert, bis die Architekten den Mut aufgebracht haben, auch für die Menschen die Forderung nach Licht zu erheben und an Stelle von kerkerähnlichen Mauern entlastete in Glas aufgelöste Wände zu bauen!

Foto S. G.

## 3

LE CORBUSIER

**Haus in Garches 1927/28**

Es gibt Vorhänge und Rolladen, um sich des Lichts erwehren zu können. Aber Mauerpfeiler, die das Licht nicht durchlassen, kann man nicht fortblasen.

4

**Schlafzelle in einem 1928 erbauten Zuchthaus**

Foto „I. A. Z."

Nicht nur Zuchthauszellen sperren wir von Luft und Licht ab. Eisen und Eisenbeton gestatten dem Licht freiesten Einlaß. Aber Behörden und „aesthetische" Paragraphen sorgen dafür, daß unsere Wohnhäuser und öffentlichen Bauten, Kranken- und Schulhäuser, Postgebäude, Banken, zwecks Erhöhung ihrer „Monumentalität" ihre freien Öffnungen durch steinerne Attrappen wieder verhängen. Künstlich umgeben wir uns mit Kerkermauern.

5

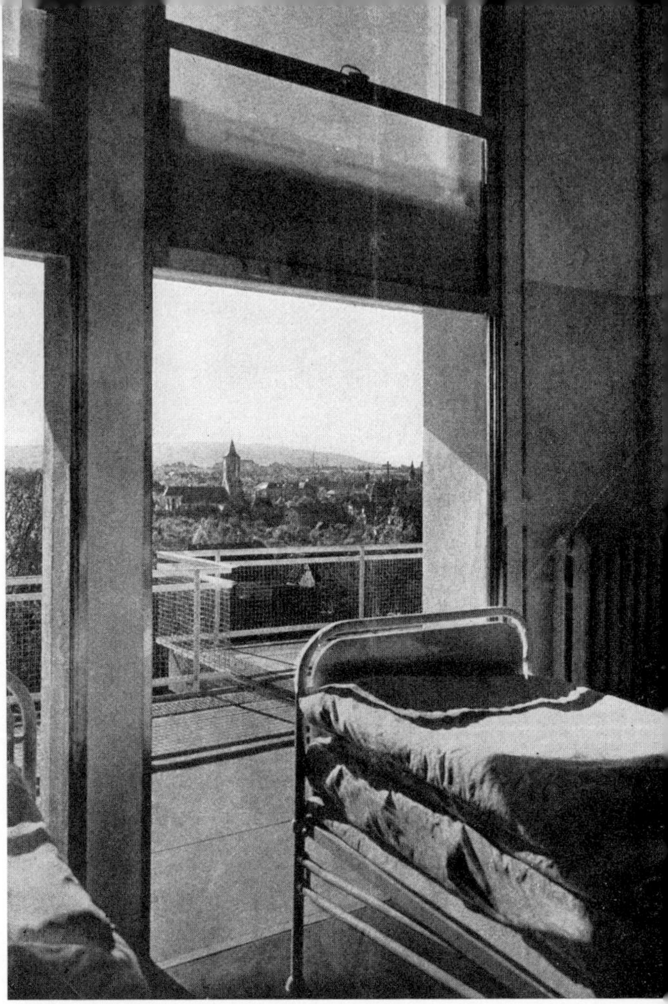

R. DÖCKER

**Krankenhaus Waiblingen**

**1926/28**

Foto R. Döcker

Ausblick von einem Zimmer auf die Terrassen und die Landschaft (vgl. Abb. 57, 58). Der Skelettbau gestattet, die Wand in Glas aufzulösen. Nur die Konstruktion bleibt stehen. Die Landschaft strömt herein. Der Kranke fühlt sich nicht mehr von der Welt isoliert. Der Kranke braucht Licht und psychische Erheiterung ebenso notwendig wie Antisepsis. Wir aber bauen im allgemeinen unsere Krankenhäuser wie Zuchthäuser und Kasernen.

**6**

JAN WILS

**Siedlung Papaverhof**
**Im Haag**

**1919/21**

Foto S. G. August 1926

Neben Ouds Tuschendykken, Rotterdam 1919, erste größere Siedlung, die neue Wege beschritt. Es handelt sich um kleine Beamtenhäuser: Miete 600 Gulden jährlich. Bereits ist für einen grossen Raum gesorgt, der durch die v o r g e s e t z t e n Fensterreihen reichlich Licht erhält. Die breiten Fenster sind wie Eisenbahnfenster nach unten versenkbar. Eben durch die Vorsetzung der Fenster wird die Auflösung in eine Glaswand möglich, die bei dem Backsteinbau sonst nur schwer erreichbar wäre.

**7**

LE CORBUSIER

**Siedlung Pessac**

**1925**

Foto S.G. Januar 1927

Häuser von ungefähr gleichem Umfang wie jene von Jan Wils. Nur wenige Jahre später kann man schon viel freier mit dem starren Hauskubus umgehen. Allerdings: An Stelle des holländischen Backsteins tritt: der Eisenbeton.

**8 Italienischer Turbinendampfer 1927**: 35,000 Pferde, 23,500 Tonnen, 192 m Länge, 25 m Breite.

Glänzender Ausdruck gesammelter Kraft. Kompromißlose Anpassung an die Funktion. Die strengen Anforderungen lassen keinen Raum für Firlefanz. Funktion schafft hier Schönheit.

**9** **Italienischer Turbinendampfer 1927.** Das Innere des gleichen Dampfers.
Man sieht, die Freiheit, gestalten zu können, wie man Lust hat, führt nicht immer zu einwandfreien Resultaten.

**10 Speisewagen der Berninabahn**

Des ungehinderten Ausblickes wegen ist die Front in eine einzige Glaswand aufgelöst. Die breiten Fensterpfeiler der Speisewagen sind verschwunden und werden zu dünnen Pfosten reduziert.

**11**

LE CORBUSIER

**Fensterwand des Hauses Cook Boulogne s. S.**

**1927**

Es entspricht der Außenwand eines Hauses, die frei vorkragt und nicht trägt, sondern selbst von dem Eisenbetongerüst im Innern des Hauses **getragen** wird, daß sie anstelle von Mauerpfeilern eine durchgehende Fensterwand besitzt. Und es entspricht unserem Verlangen nach Licht und Verbundensein mit der übrigen Welt, daß uns eine Fensterwand mehr Freude macht als Mauerpfeiler.

# 12

Foto S. G. 1929

Vor 80 Jahren erklärte der Belgier Jobard: „Wie bei Pflanzen und Tieren, so erscheint auch in der Architektur eine neue Rasse erst nach dem Verschwinden der alten.

Die Rasse der Hohenpriester der Steinarchitektur wird, wie die vorsündflutlichen Tiere, verschwinden müssen, um einem neuen konstruktiven Geschlecht Platz zu machen."

Das Urteil, das über unsere Zeit gefällt werden wird, wird härter sein, als unser Urteil über das 19. Jahrhundert. Denn heute wissen wir, daß die schwerfälligen Steinkulissen Unfug bedeuten; sie hemmen die Entwicklung und tyrannisieren den Grundriß. Aber auch heute noch geht, wie im 19. Jahrhundert, die **FASSADEN-PRODUKTION** unentwegt weiter: Über eine Skelettkonstruktion stülpt der „Künstlerarchitekt" zusammenhanglos seine Steinkulisse. Ein prinzipieller Unterschied zwischen einem Rokokogreuel um 1890 und den heutigen Klichees besteht nicht.

Das oben abgebildete Postgebäude (1929) trägt im Innern ein vollendetes Pilzdeckensystem (Eisenbeton), das eine Auflösung der Wand in durchgehende Fensterbänder eigentlich selbstverständlich machte, ja, das erst durch ein Zurücksetzen der Pfeiler hinter die Außenwand zur vollen Ausnützung käme. Aber der Architekt klebt die kleinbürgerlichen Pfeilerchen ein. Sie schlucken zwar Licht, das einem Postgebäude nicht schädlich ist, aber sie sind „ästhetisch". Oder? —

Foto S. G.

**13** **Eiffelturm 1889**

Was lehrt der Eiffelturm? Vor 40 Jahren wurde der Eiffelturm in 13 Monaten gebaut, mehr als doppelt so hoch wie die gothischen Kathedralen in der hundertfachen Zeit. Der Eiffelturm zeigte zum erstenmal, über welche Hilfsmittel wir verfügen, um rasch und kühn zu bauen. Vor allem aber lehrt der Eiffelturm daß wir luftig bauen können. Es ist uns möglich, die tragenden Teile (Konstruktion) auf ein Minimum zu reduzieren. An Stelle des von Mauern umschlossenen Hauses tritt eine leichte Skelettkonstruktion (in Eisen oder Eisenbeton), die nur durch eine isolierende Schicht und glasverschlossene Öffnung vom Außenraum getrennt wird.

**14** ARTARIA & SCHMIDT

**Wohnhaus Wenkenhalde 1927.** Eisenskelett

**15** ARTARIA & SCHMIDT

**Wohnhaus Wenkenhalde 1927.** Ansicht von Süden

Gerüst und Haus widersprechen sich nicht mehr in Ausdruck und Funktion.

16

A.-G. PERRET

**Haus in Versailles**

**1926**

Foto Chevoyon

17

HANS SCHAROUN

**Wohn-Eßraum**

Werkbundsiedlung
Stuttgart
**1927**

Foto: Dr. Lossen & Co.

**18**

LE CORBUSIER

**Haus Cook**
**Boulogne**
**s. Seine**
**1926/27**

Das Haus, das auf wenigen Stützen ruht, kann sich auch im Inneren weitgehend öffnen.

19

LE CORBUSIER
**Haus Cook**
Dach

Das Dach wird nicht mehr isoliert, sondern in den Körper des Hauses miteinbezogen. Die Ausbuchtung links ragt in den großen Raum (vergl. Abb. 18).

20

R. STEIGER

**Haus in Kilchberg Wohn- und Essraum**

Zürich-Kilchberg

**1927/28**

Foto: Linck

Durch eine verschiebbare Glaswand kann man den Eßraum vom übrigen Wohnraum trennen. Hinter dem quer in den Eßraum gestellten Büffet, das auf Rollen verschiebbar ist, Zugang zur Küche. Wandauskleidung: Zelotex.

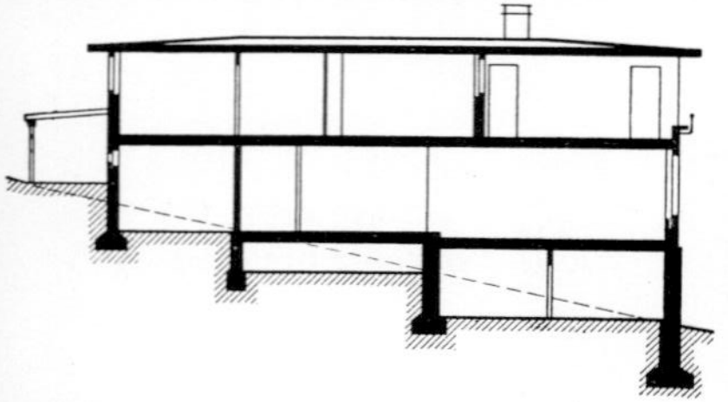

Schnitt in der Längsrichtung. Eingang befindet sich im untersten Geschoß.

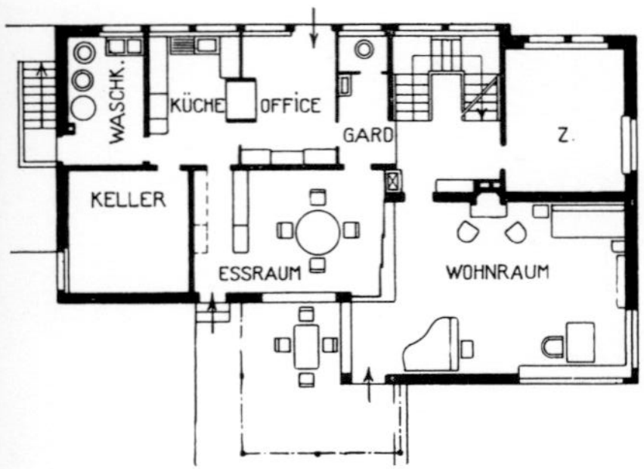


Grundriß: vgl. Abb. 20

21

R. STEIGER:

**Wohnhaus Zürich-Kilchberg 1927/28**

Cliché S. B. Z.

Man beachte die Anordnung von Küche, Office (zugleich Aufenthaltsraum für das Mädchen und Bügel- und Nähzimmer) und Waschküche, die in den Wohnbetrieb miteinbezogen. Im Obergeschoß gedeckte Terrasse gegen S.O. Im Hauptgeschoß glasgedeckter Vorplatz gegen S.W. Im Untergeschoß, beim Eingang gedeckter Vorplatz gegen Norden für die heißeste Zeit.

22

MART STAM

**Wohn-Essraum**

Werkbundsiedlung
Stuttgart
**1927**

Foto: Dr. Lossen & Co.

Foto: Dr. Lossen & Co.

23

MART STAM

**Arbeitszimmer**

Werkbundsiedlung
Stuttgart
**1927**

**24**

Wohnbarmachung
des Mietshauses

RIETVELDT

**Wohnzimmer**

Amsterdam

**1925**

Foto: Jakobi.

**25**

Wohnbarmachung
des Mietshauses

MARCEL BREUER

**Esszimmer**
**Piscator**

Berlin
**1927/28**

Wohnbarmachung des Mietshauses

MARCEL BREUER

**Schlafzimmer Piscator**

Berlin
**1927/28**

Minimum an Möbeln. (Man beachte wie auch der Schrank keine „Fassade“ mehr hat, sondern möglichst allseitig benützbar wird.)
(Links: Sportgerät)

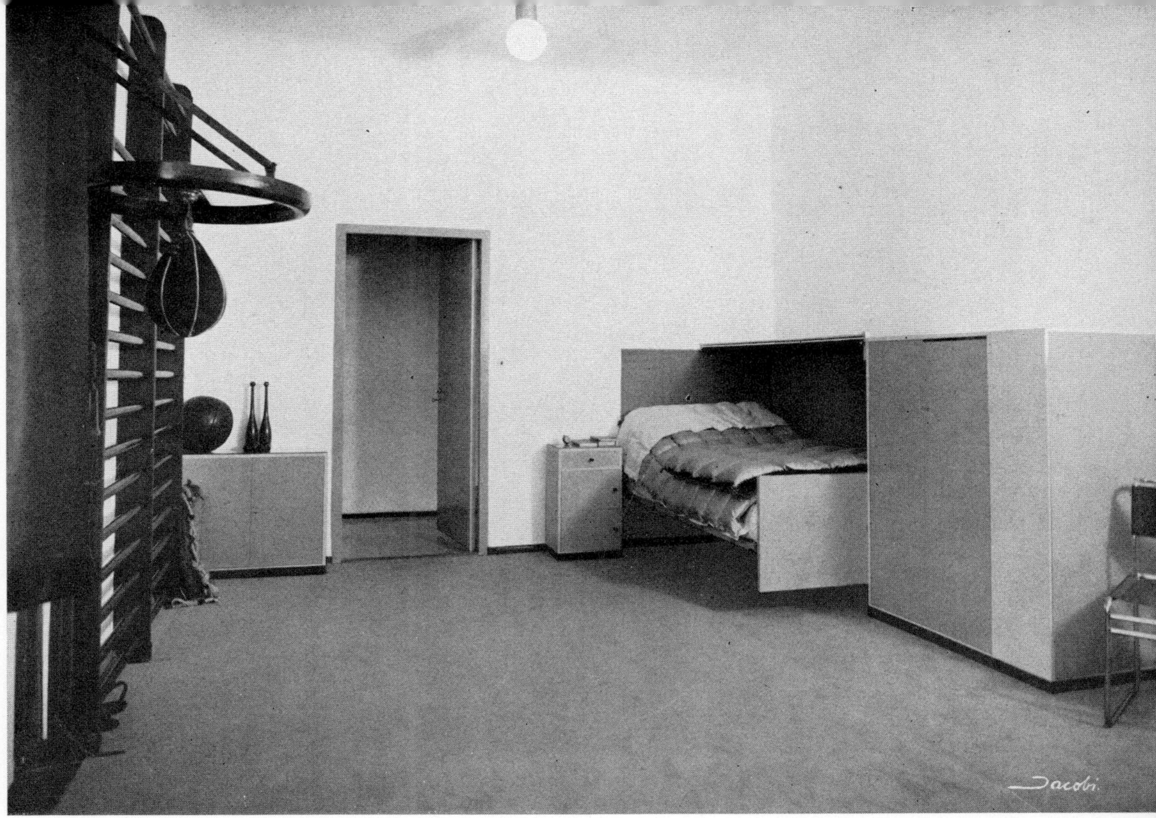


Foto: Jakobi.

E. MAY, Mitarbeiter E. KAUFMANN

**27** **Siedlung Praunheim** (Frankfurt am Main)

**28** A. BRENNER: **Volkswohnung** (Eisenbetonskelett.) Frankfurt am Main **1929.** Gartenseite. Foto: Collischon

Die neuen Materialien sollen dazu helfen, den Leuten mit dem geringsten Einkommen menschenwürdige Wohnungen zu verschaffen.

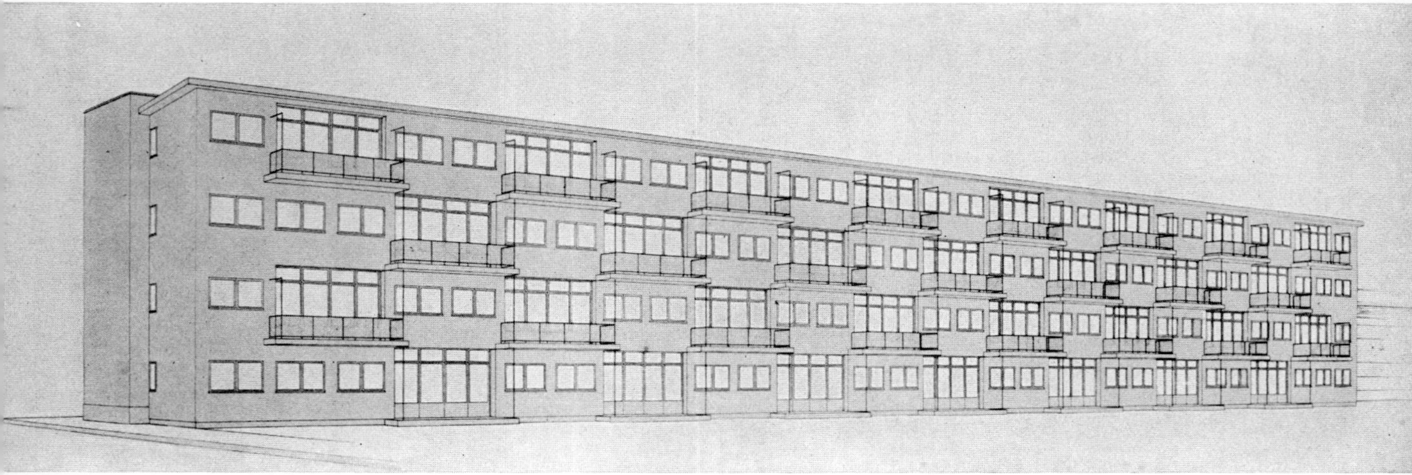

**29** A. BRENNER: **Perspektive des Wohnblocks Abb. 26.** Nach der Gartenseite.

Die Balkone sind versetzt gegeneinander, damit jeder Einwohner gleichviel Licht erhält.

**30**

EXISTENZMINIMUM

A. BRENNER

**Wohnblock**

Frankfurt a. M.
**1928/29**

Fensterwand in Glas aufgelöst, öffnet sich auf Balkone. Vergl. Abb. **28** und **29**.

Foto: Collischon.

31

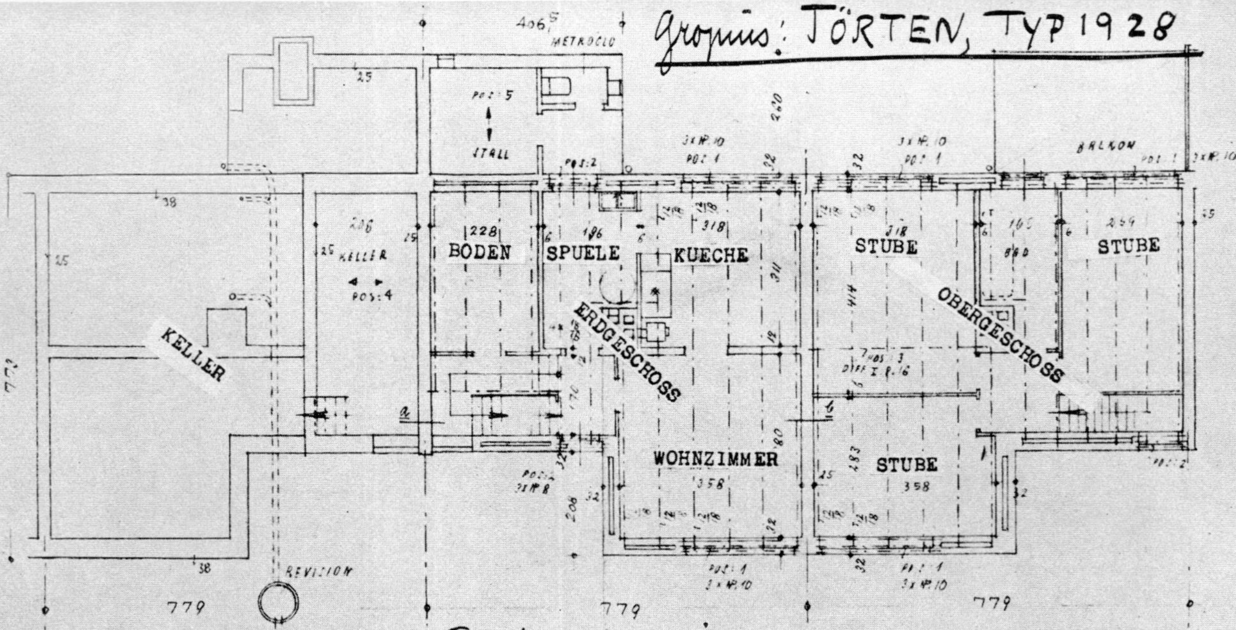


Angaben von Gropius:

| reine baukosten einschl. regie-kosten | kosten für strassen, an-schlüsse u. grundstück | gesamtkosten bezw. verkaufs-preis | wohnfläche qm | gesamtpreis für 1 qm wohnfläche | cbm. umbauter raum | kosten für 1 cbm. (reine baukosten) | cbm auf 1 qm nutzfläche |
|---|---|---|---|---|---|---|---|
| M 9.043.30 | M 1.456.70 | M 10.500.- | 70,56 | 148,80 | 315,34 | 28.68 Mk. | 4,47 |

grundsatz bei der arbeit an der baustelle war es, **ein und denselben mann immer wieder für die gleiche bauphase in jeder hausgruppe einzusetzen** und dadurch die leistung zu steigern. um das ineinandergreifen der einzelnen bauphasen im rohbau und ausbau von vornherein sicherzustellen, wurde ein genauer **zeitplan** ~~(siehe abbildung nr. 7)~~ nach art der eisenbahnbetriebspläne zunächst vor arbeitsbeginn theoretisch, nach fertigstellung der ersten 8-häuser-gruppe der praxis entsprechend ergänzt aufgestellt. der zeitplan ermöglicht es, auf einen blick das ineinandergreifen verschiedener arbeitsvorgänge zu überschauen und rechtzeitige maßnahmen zu ergreifen.

**33**

EXISTENZMINIMUM

WALTER GROPIUS

**Törten bei Dessau**

**1927**

Ansicht

Foto Gropius

Mietpreis eines Hauses mit 1 Wohnzimmer, 3 Stuben, Küche, Spülküche, Garten 37,42 Mark

34

J. J. P. OUD

**Wohnungen für das Existenzminimum (Hoek van Holland) 1924**

In dieser Siedlung kostet eine Wohnung mit einem Wohnraum (4,8 m × 3,84 m) und 3 Schlafräumen pro Jahr ungefähr **255 MARK** Miete. Die „Bouw-politie en Woningsdienst“ von Rotterdam beantwortet unsere Anfrage wie folgt:

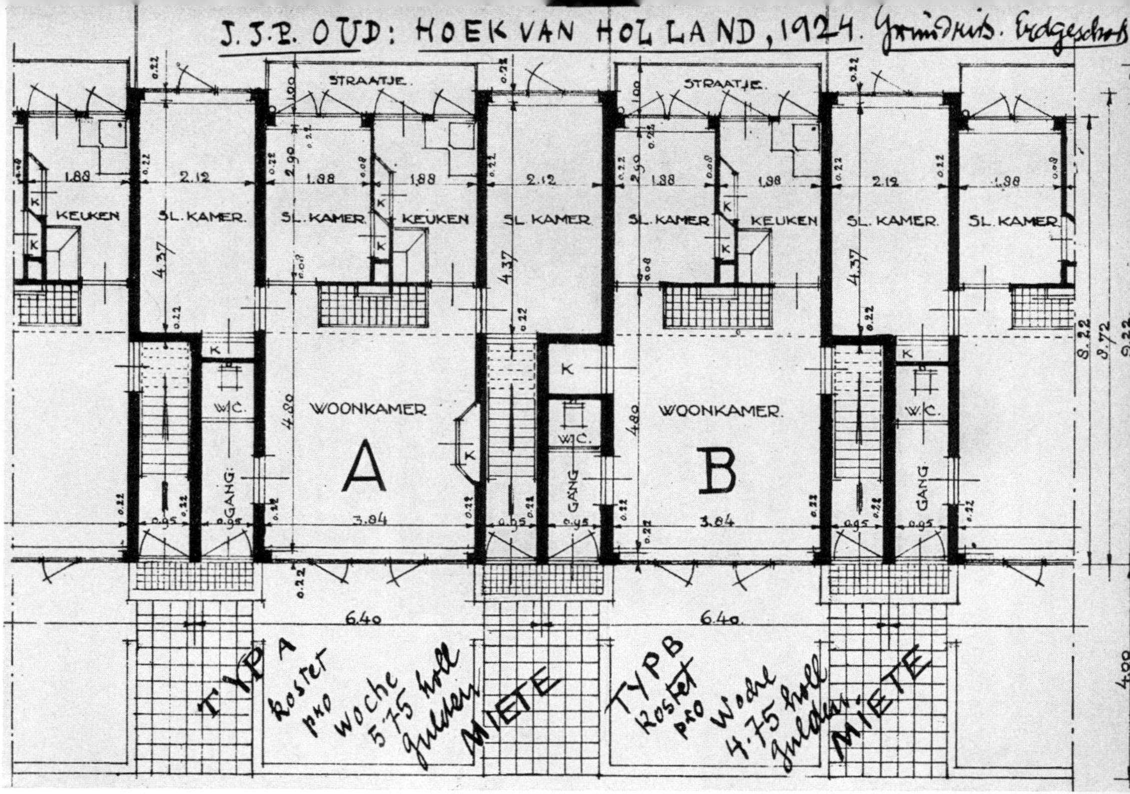


| | Umbauten Raum Durchschnittlich M³ | Nutzfläche M² | Wohnzimmer | Schlafzimmer | Küche | Abort | Miete per Woche | Erstellungspreis per **Wohneinheit** 1 Wohnung: 2 Schlafzimmer, 1 Küche |
|---|---|---|---|---|---|---|---|---|
| A | 198.5 | 49 | 1 | 3 | 1 | 1 | Fl. 5. 75 | [illegible] |

**35** J. J. P. OUD: **Hoek van Holland Siedlung 1924**

**36**

EXISTENZMINIMUM

J. J. P. OUD

**Hoek van Holland**

**1924**

ZIMMER MIT HERABGEKLAPPTEN BETTEN

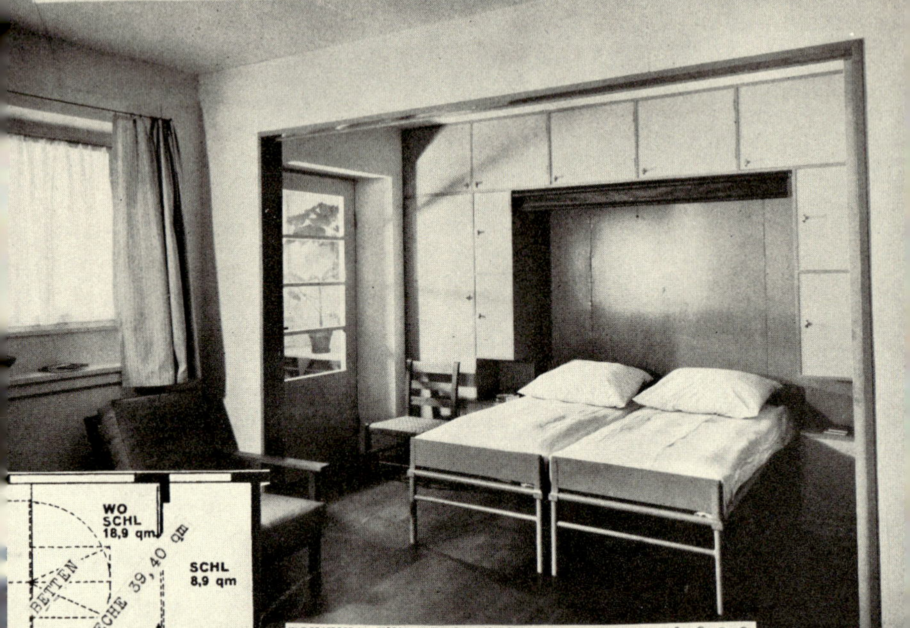

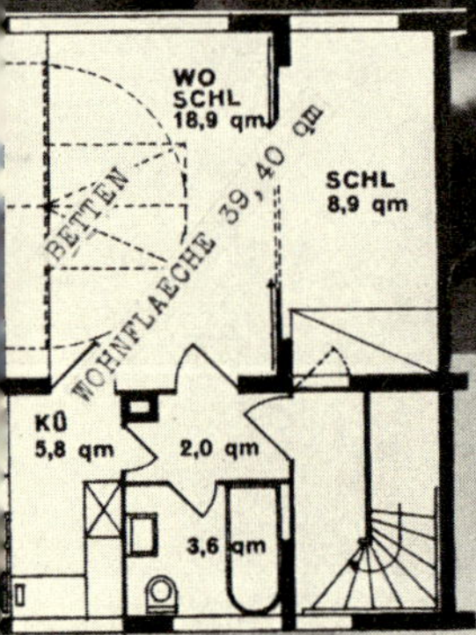


WOHNUNG FUER DAS EXISTENZMINIMUM 1 9 2 9.
WOHNUNGSMIETE inclusive Einrichtung: ungefähr 42 Mk.
FRANKFURT a.M. SIEDLUNG WESTHAUSEN .Arch.E.MAY und KAUFMA

DAS GLEICHE
ZIMMER MIT HINAUFGEKLAPPTEN BETTEN
(der Deutlichkeit wegen fehlt der Vorhang)

EXISTENZMINIMUM

FRANZ KRAUSE

**Wohnhäuser**

Wettbewerb der Reichsforschungs-gesellschaft für Berlin-Haselhorst

**1929**

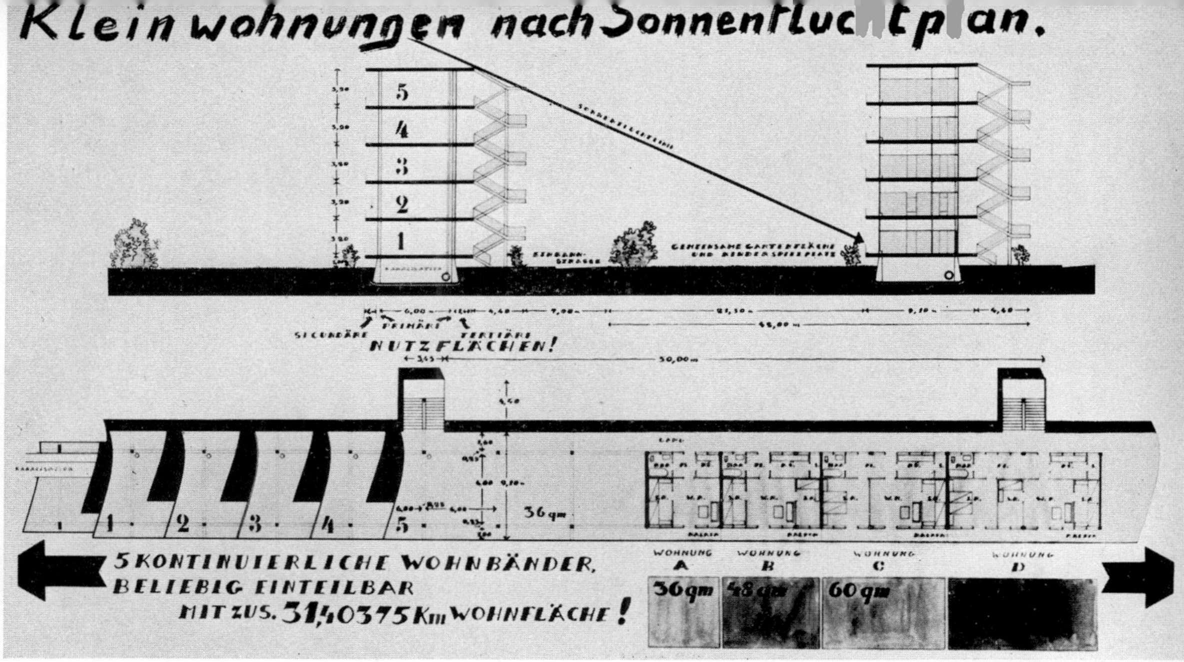


Nutzbarmachung des Skelettbaus für erhöhte Wohnmöglichkeiten: Ausreichende Besonnung auch des Erdgeschoßes durch genaue Ermittlung der Sonnenstrahlung während des ganzen Jahres. Die grösstmöglichste Lichtzufuhr bestimmt die Orientierung, sowie den gegenseitigen Abstand der Häuser. Der Skelettbau gestattet eine den jeweiligen Bedürfnissen des Bewohners angepaßte Wohnfläche.

40

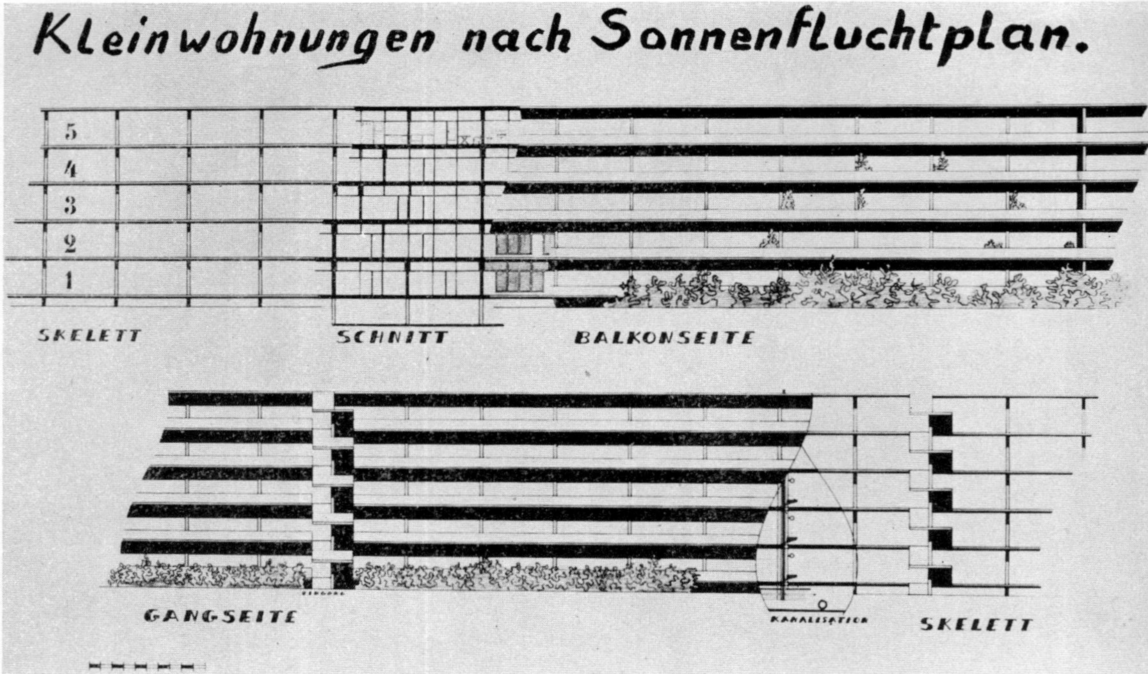


FRANZ KRAUSE

**Wohnhäuser**

Wettbewerb der Reichsforschungsgesellschaft für Berlin-Haselhorst

**1929**

Die „ganze Linie“ entsteht hier durch die Unterordnung der architektonischen Konzeption gegenüber den Möglichkeiten des Skelettbaus: Freitragende Balkonreihe auf der Sonnenseite, freitragender Gang auf der Schattenseite. Stiegenhäuser werden als Element an den erforderlichen Stellen einfach vorgesetzt.

WOHNBLOCK MIT EINZIMMERWOHNUNGEN

Betten werden tagsüber aufgeklappt. Schlafraum wird Wohnraum. - Gemeinsame Dachgartenpergola, gemeinsamer Gesellschaftsraum.

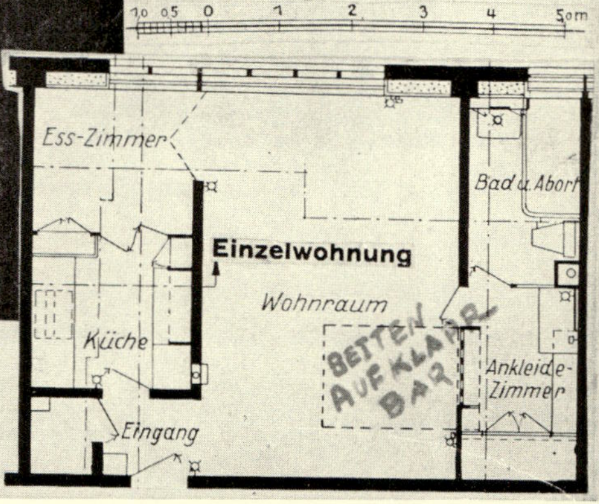


# WOHNHAUSBLOCK IN LOS ANGELES

Erbaut von Architekt Richard J. Neutra

1928

Los Angeles

NEUE VERSUCHE

H. UND B. RASCH

## Hängehäuser

Man versucht auf verschiedenste Weise den Boden einer Stadt ganz dem Verkehr freizugeben. Eine dieser Anregungen geben die RASCH'schen Häuser. Wenn die Stahlrohrmasten, an denen die 12 Stockwerke wie Teller aufgehängt sind, wirklich frei von Oscillation sind, so könnte man Häuser nach der günstigsten Sonnenlage stellen ohne jede Rücksicht auf den darunter durchgehenden Verkehr. Die verbindenden geraden Trakte (Zugangsstraßen) sollen gleichseitig zur Regulierung von Ausdehnungsdifferenzen und Schwankungen dienen. Statische Berechnung: Prof. Kintzinger, Stuttgart.

43

**Kindergarten**
**in Frankfurt a. M.**
(Siedlung
Bruchfeldstrasse)
**1927**

Foto P. Wolff, Frankfurt

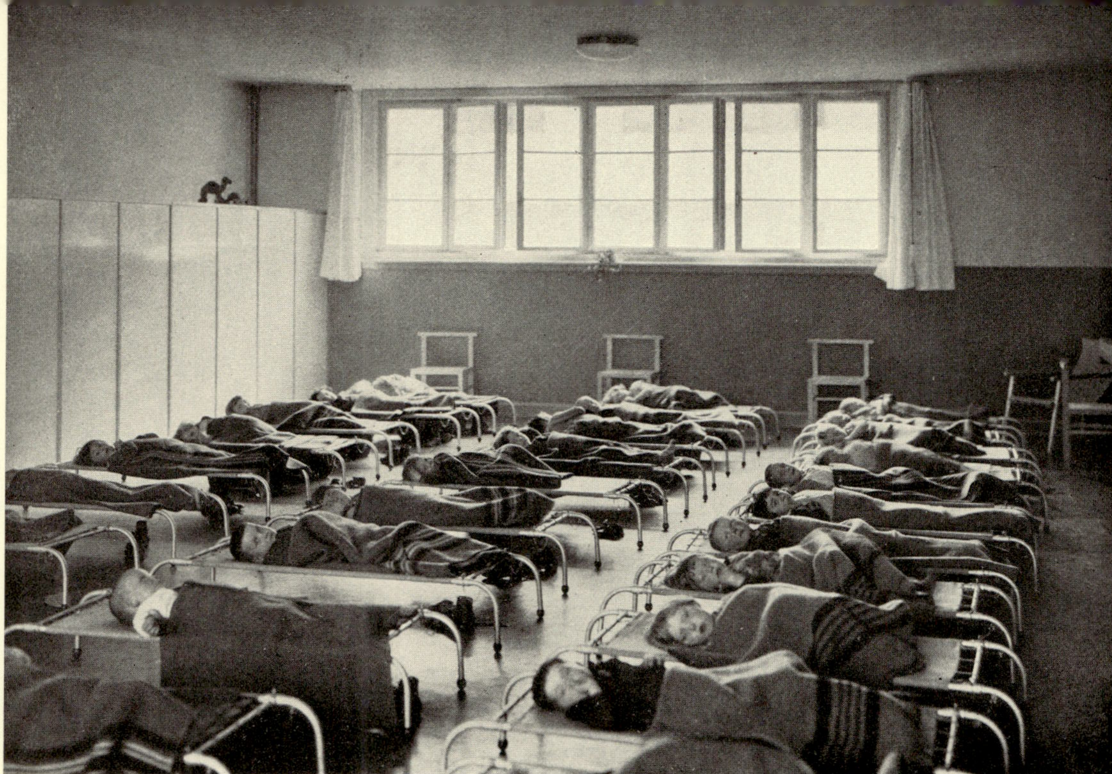

**Spielsaal** während der Ruhestunde.
Entwurf: E. MAY. Mitarbeiter: Rudloff. Ausstattung: F. Kramer.

Foto: L'Architecte

**44**

J. BOURGON

**Krippe und Kinder-Bewahr-Anstalt in Noméxy**
(Vogesen)
**1928**

Uebersichtlichkeit der Anordnung.

W. MOSER (Zürich)

**Kombinierter Kindergarten :**

1. Unabhängigkeit der Arbeitsgruppen durch
2. selbständige Raumgruppen und
3. räumlich getrennte Spielplätze.
4. Spielsäle mit gedeckten Spielhallen ebenerdig.
5. Arbeitszimmer isoliert vom Lärm im Obergeschoss
6. Orientierung aller Aufenthaltsräume nach Südosten.

**46**

MART STAM
WERNER MOSER
Mitarbeiter FERD. KRAMER

**Altersheim
in Frankfurt a.M.**

**1928**
(im Bau)

Der ganze Bau ist offen und nach SÜDEN orientiert. Jedes Zimmer hat seinen Südbalkon oder direkte Verbindung mit dem Garten. Der Wirtschaftsflügel verbindet die beiden Wohntrakte organisch in der Mitte, wodurch lange Wege abgekürzt und außerdem eine kasernenmässige Ausdehnung der Flucht unterbunden wird. TRAGKONSTRUKTION: Eisenskelett mit freitragender Länge von 3,85 m.

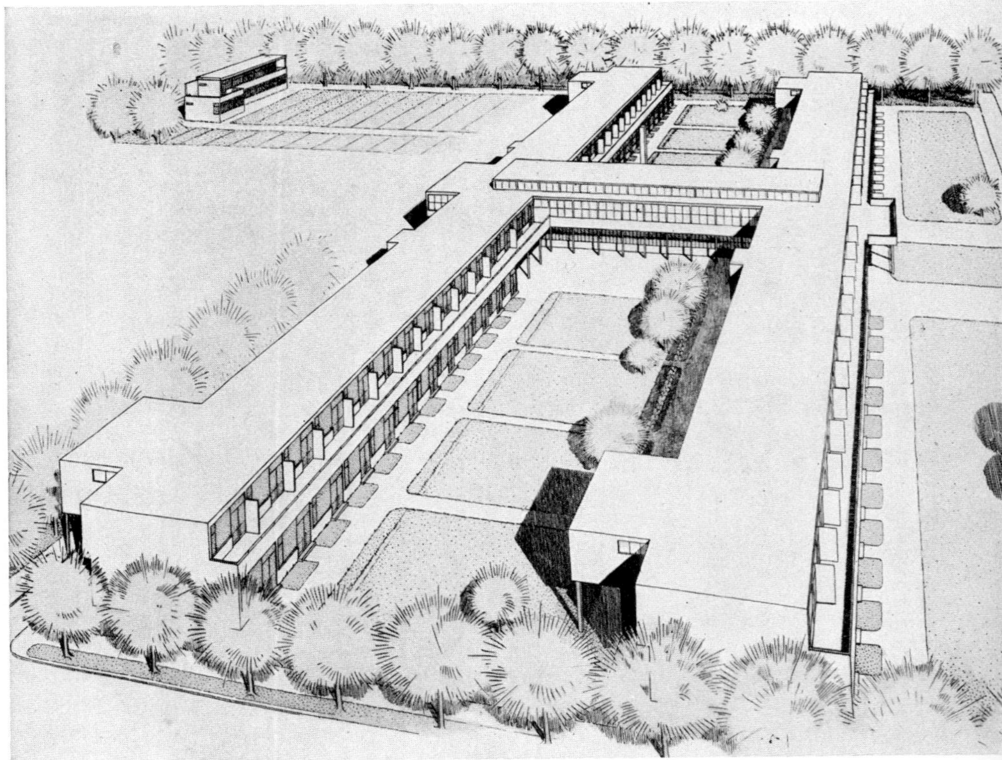

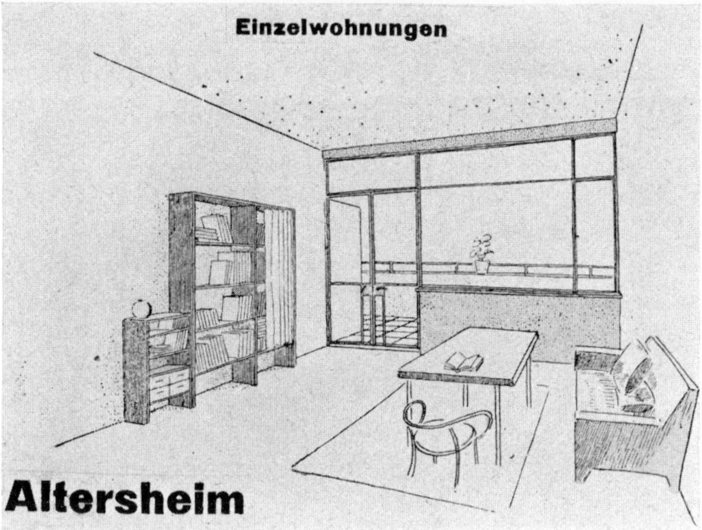




STAM
MOSER
KRAMER

**Alters-Heim**
**1928**

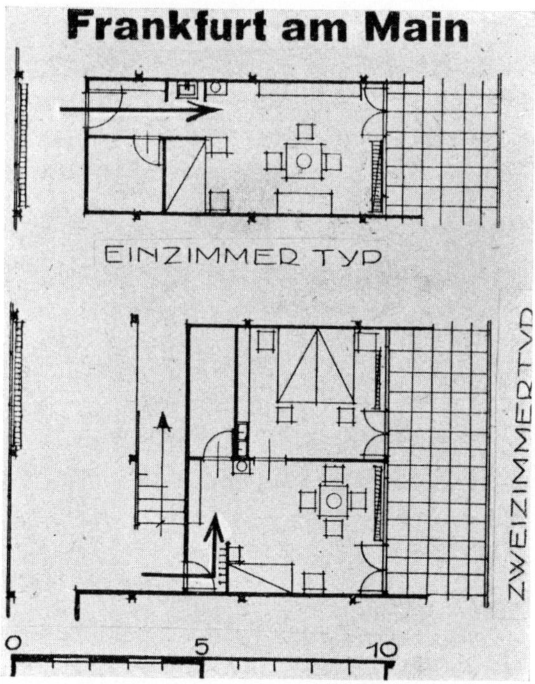


Jedes Zimmer hat seinen Abstellraum, seinen vorzimmerhaften Eingang, eingebaute Waschgelegenheit, weitgespannte Fensterwand, Terrasse. Mit einfachsten Mitteln wird eine Athmosphäre erzeugt, die weitab liegt von dem üblichen Geruch der Altersheime.

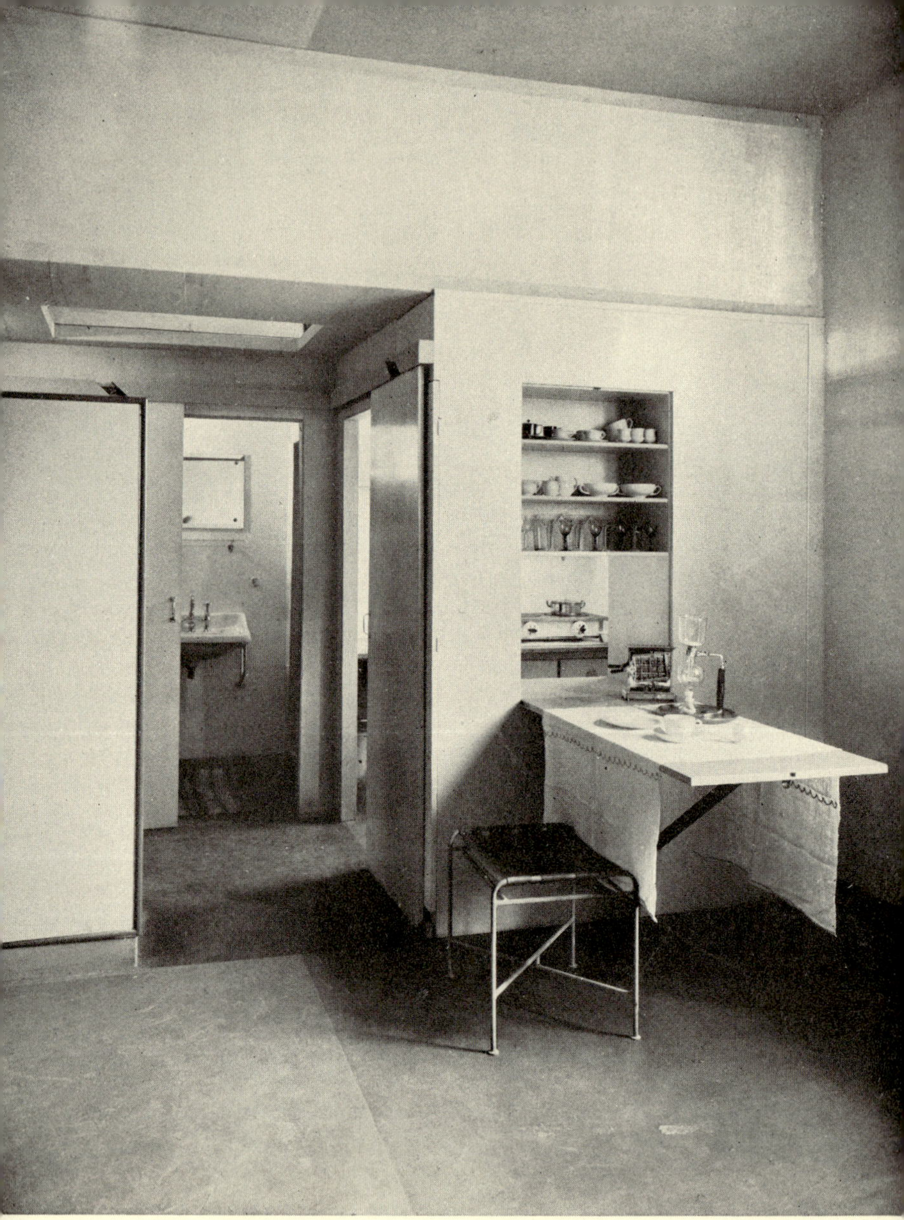

48 KIENZLE: **Junggesellenzimmer** Foto: Linck.

**49** Architekt: Baubüro des Gemeindeamts Haag **1924** Foto S. G. 1926

**Klasse der Volksschule an der Ketelstraat, Haag**

Die Wand ist in ein einziges Fenster aufgelöst. Ebenso ist nach dem Gang zu eine Glaswand, ohne Angst vor Unaufmerksamkeit zu haben, die ja fast immer die Begleiterscheinung schlechter Lehrer ist.

Foto: A Köster

**50**

OTTO HAESLER (Zell

**Klassenzimmer einer Schule in Zelle**

**1928**

51 Das SCHULZIMMER wird nach Möglichkeit geöffnet, eine WAND ist in GLAS aufgelöst und kann versenkt oder zusammengeschoben werden. Das Oberlicht verschafft die Möglichkeit, Tische und Stühle nach jeder Richtung stellen zu können, ohne Schlaglichter zu bekommen.

BRUNO TAUT: **Reformschule Neu Kölln** (Berlin). **Probeklasse 1928**

52 Flach ausgebreitete Anlage für 2000 Schüler (vom 6. Jahr bis zur Maturität). Keine festen Schulzimmer: Zur Vermeidung unbenutzter Räumlichkeiten wandern die Schüler von Fachklasse zu Fachklasse (Schule nach Vorschlägen des Pädagogen F. KARSEN).

**Schulbetrieb vor der Klasse**

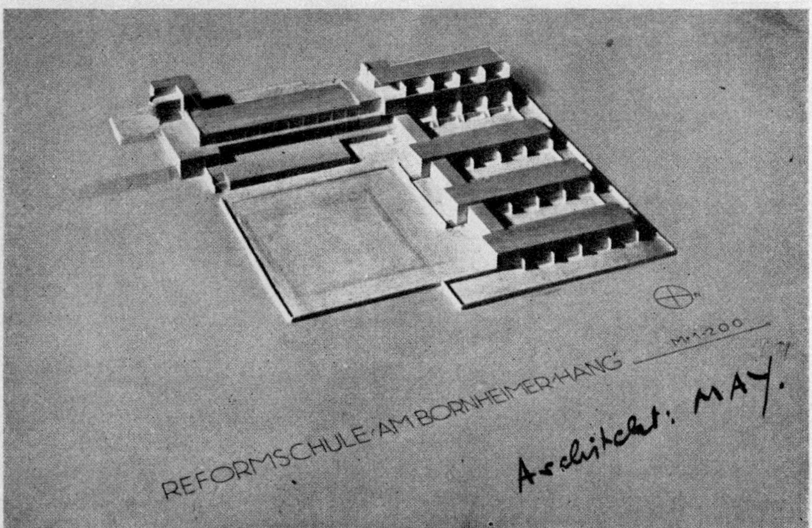


## Aus der Erläuterung MAY'S:

Bei der ausſchlaggebenden Bedeutung, die der Erziehung der Jugend in zeitbejahendem, lebendigem Sinne für die geſamten künftigen Geſchicke unſeres Landes beizumeſſen iſt, verſteht man heute kaum, daß die Saat, die fortſchrittliche Pädagogen ſeit Jahrzehnten ſäten, um das ſtarre Schulſyſtem, das ich ſchlechthin als Paukerſyſtem bezeichnen möchte, zu erſetzen durch neue Methoden, wie ſie die Arbeitsſchulen erſtreben, d. h. durch eine Bewältigung des Lehrſtoffes in kameradſchaftlicher Gemeinſchaftsarbeit zwiſchen Lehrer und Schüler. nicht längſt aufgegangen iſt und reiche Früchte getragen hat.

Ich mußte das vorausſchicken, um eindeutig klarzuſtellen, daß die neue bauliche Geſtaltung nur ein Teil und nicht einmal der wichtigſte der neuen Schule ſein kann, die uns vorſchwebt, daß die Reform des pädagogiſchen Unterrichts Vorausſetzung für die Geburt jener Schule iſt, die wir uns als die Schule der Zukunft wünſchen, die Schule, vor der die Jugend nicht mehr zittert, ſondern in die die Schüler mit Begeiſterung wandern und in der ſie nicht mehr „ſchulmeiſterlich", ſondern aus warmherzigem Verſtehen heraus herangebildet werden, in der in gemeinſchaftlichem Gedankenaustauſch, gemeinſchaftlichem Studium die Grundſteine zu einem kraftvollen Charakterbau gelegt werden,

"Die einzelnen Klaſſen werden ſo ausgeſtattet, daß eine nach Oſten oder Süden gekehrte Wand faſt ausſchließlich aus Glas hergeſtellt wird und im Sommer geöffnet werden kann, ſodaß der Unterricht gewiſſermaßen im Freien ſtattfindet. Der unmittelbar vor der Klaſſe gelegene Klaſſengarten wird mit einer ruhigen Raſenfläche und Staudenrabatten ausgeſtattet. Auf Grund eingehender Belichtungsſtudien an naturgroßen Modellen wurde ein Belichtungsſyſtem ermittelt, das alle Teile der Klaſſe einwandfrei erhellt. Die eiſenbeſchlagenen, miteinander verſchraubten Bankreihen der alten Schule weichen frei aufgeſtellten Tiſchen und Stühlen, die den jeweiligen Zwecken des Unterrichts entſprechend in Reihen oder Gruppen zuſammengeſtellt werden können. Anſtelle der Sammlungszimmer treten eingebaute Schrankreihen längs der Gänge, ſodaß die Kinder im Vorübergehen das ſonſt meiſt verborgene Unterrichtsmaterial jederzeit in Augenſchein nehmen können."

4 Erläuterung E. MAY'S zur Bornheimer Schule im „Neuen Frankfurt" Nov. 1928

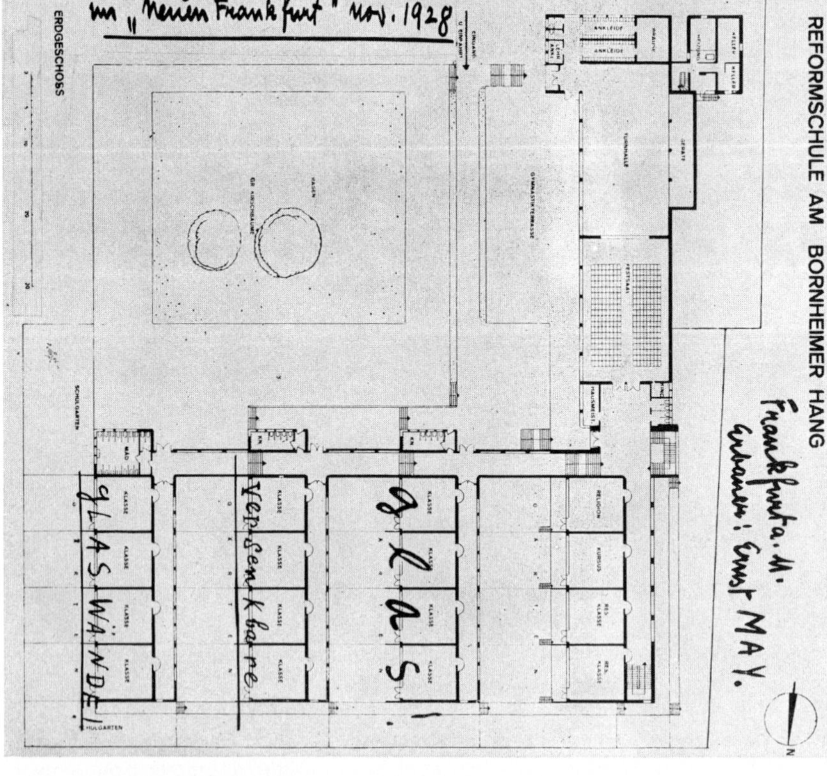

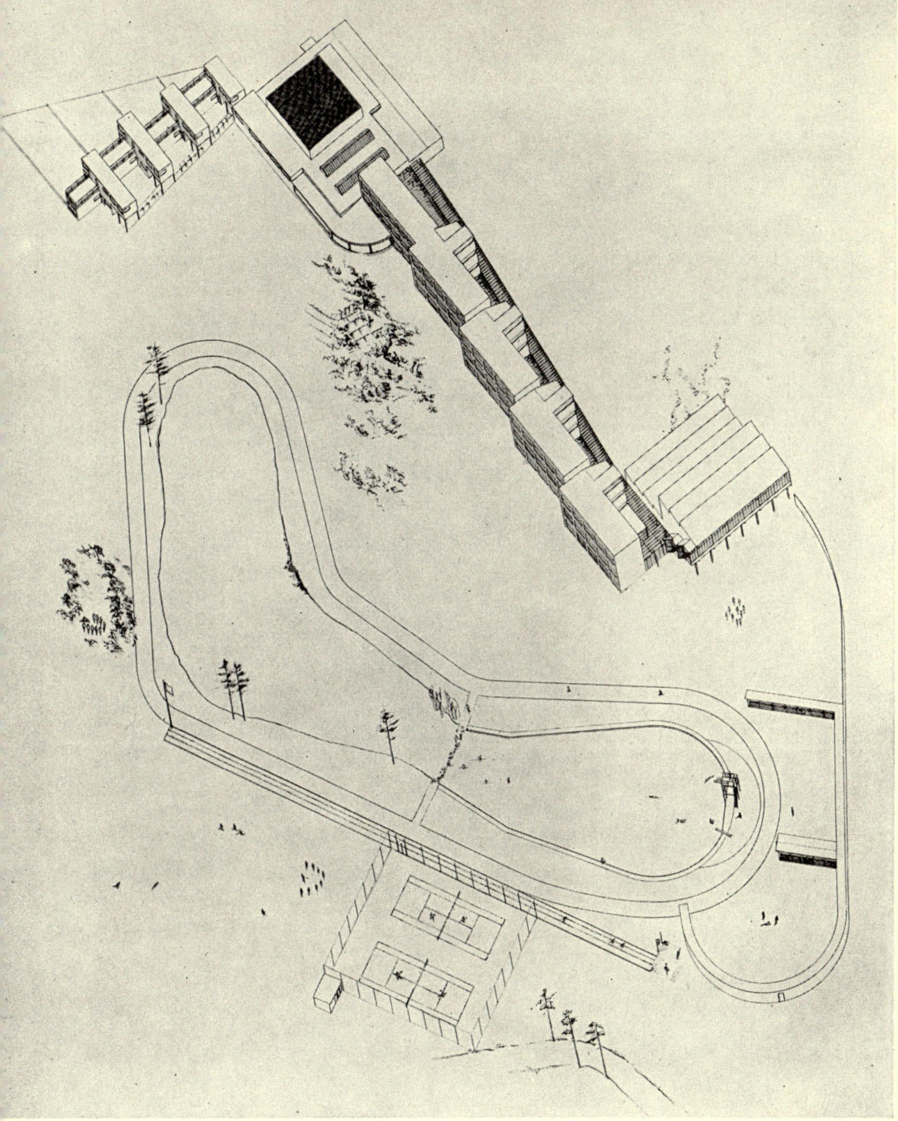

**55** HANNES MEYER: **Bundesschule** für den allgemeinen deutschen Gewerkschaftsbund **1928** (im Bau)

An die Wirtschaftsräume, Speisesaal, Kino, viertelkreisförmig vorgebauchte Liegehalle gliedern sich in 5 Abtreppungen die Schlaf- und Arbeitsräume der Kursteilnehmer. Ein Glasgang verbindet sie untereinander und mit den Unterrichtsräumen (zu äußerst rechts). Tennis, Sportplätze, Schwimmbad geben den Komfort. Der Entwurf hat auf die deutsche Schulentwicklung entscheidenden Einfluß gehabt.

**56** A. W. SCHUESSEW: **Erholungsheim in Macest,** Südrußland **1927**
Dachterrasse

**57** R. DÖCKER: **Krankenhaus in Waiblingen 1926/28**

Foto: Döcker

Das Krankenhaus ist kein mauerumpanzerter Bau mehr, kein hermetisch abgeschlossener Bazillenkasten. Die neuesten Untersuchungen von medizinischer Seite über den Bau von Krankenhäusern gehen durchaus einig mit dem Wollen, das sich über das ganze Gebiet der Architektur erstrekt: Auch der ARZT verlangt möglichste Auflösung der Wände in Glas, freiesten Lichtzutritt! Das Waiblinger Krankenhaus ist ein Eisenskelettbau. Die Terrassen springen stufenförmig zurück, so daß an allen Punkten das Licht ungehinderten Zutritt erhält.

Foto: Döcker

**58** RICHARD DÖCKER: **Krankenhaus Waiblingen 1926/28**
Eignet sich nur der Süden für weite Terrassen? Die Antwort gibt dieses Bild, das Ende November 1928 aufgenommen wurde.

**59** BYVOET UND DUIKER: **Arbeitersanatorium „Zonnestraal“, Hilversum 1927** Foto Byvoet & Duiker

**Hauptpavillon** von vorn. Den Mittelpunkt bildet der kreuzförmige Eßsaal.

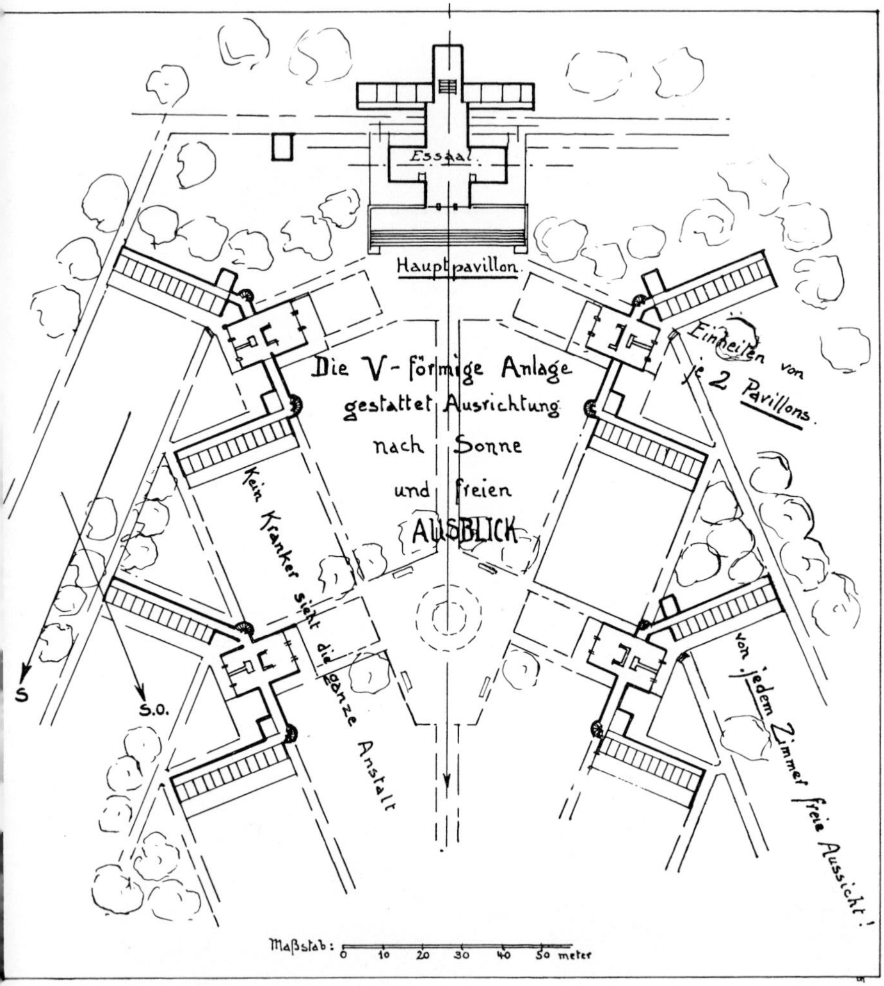


**60** BYVOET UND DUIKER:
**Arbeitersanatorium „Zonnestraal", Hilversum.**
Grundriß.

**61** BYVOET UND DUIKER: **Pavillon des Arbeitersanatoriums in Hilversum.** Das Eisenbetonskelett. Foto: Byvoet & Duiker

**62** BYVOET UND DUIKER: **Arbeitersanatorium „Zonnestraal“, Hilversum 1927** Foto: Byvoet & Duiker

**Ein Pavillon.**

Das Eisenbetonskelett wird in seinen Möglichkeiten ausgenützt. Man beklebt es nicht mit „Monumentalität“.

Foto Meerkämper

63 Jedes Zimmer mit Balkon und großer Glasfläche. Das flache Asphaltdach hat bereits Ableitung des Wassers nach Innen. Also keine Dachrinnen. Sachlich vorgreifende Lösung.

**Davoser Volksheilstätte 1907.** Architektur: PFLEGHARD & HAEFELI. Konstrukteur: MAILLART

64 **Detail.** Die 3fache Knickung des Flügels verhindert trostlos lange Gänge und gestattet bessere Ausnützung der Sonne. Auf dem Dach: Liegehalle vgl. Abb. 65.

Foto S.-G. 1929

Foto S.-G.

65 **Liegehalle.** Nachträglich auf das Dach der Volksheilstätte gesetzt (von Gabarell). Die Photographie kann nicht entfernt den Reiz wiedergeben, der aus dem Durchdringen von Landschaft, Standpunkt (schweben über dem Boden), und architektonisch fester Rahmung entsteht.

Eisbildung bei steilem Dach

Alter Schuppen in Davos

Keine Eisbildung bei flachem Dache

In Gegenden mit hohen Schneemassen ist da **STEILDACH** unsachlich, denn es wird zu **Lebensgefahr**

Aus der neuen Zürcher Zeitung vom 21. XII. 1928

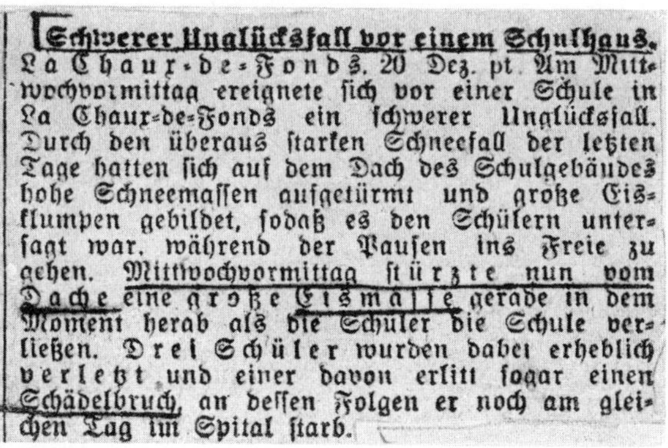

**Schwerer Unglücksfall vor einem Schulhaus.**
La Chaux-de-Fonds, 20 Dez. pt. Am Mittwochvormittag ereignete sich vor einer Schule in La Chaux-de-Fonds ein schwerer Unglücksfall. Durch den überaus starken Schneefall der letzten Tage hatten sich auf dem Dach des Schulgebäudes hohe Schneemassen aufgetürmt und große Eisklumpen gebildet, sodaß es den Schülern untersagt war, während der Pausen ins Freie zu gehen. Mittwochvormittag stürzte nun vom Dache eine große Eismasse gerade in dem Moment herab als die Schüler die Schule verließen. Drei Schüler wurden dabei erheblich verletzt und einer davon erlitt sogar einen Schädelbruch, an dessen Folgen er noch am gleichen Tag im Spital starb.



**Mühsame Arbeit.** Wenn der Bauer in der Zeit der Schneeschmelze seine Kinder nicht durch unberechenbar herabfallende Schneerutsche gefährden will, so muß er täglich aufs DACH steigen und es schaufelweise von Schnee befreien.

↑ 67 Foto: S.-G.

VON OBEN

ANSICHT

DAS DACH ALS WOHNFUNKTION: HAUS in Ascona, um 1900. Oedenkoven, Gründer einer Kolonie für naturgemässe Lebensweise kam in diesem doppelwandigen Holzhaus bereits zu einer Lösung wie wir sie heute fordern: Ausnützung des Daches!

VON UNTEN

↓ 68 Foto: S.-G

69

Foto Meerkämper

**Das flache Dach im Gebirge.** Parsennhütte (Graubünden). Schon der Zweckmäßigkeit wegen wurde das flache Dach bei alten Schweizer Hospizen und Schutzhütten angewendet (u. a. bietet es dem Sturm keine Angriffsfläche). Erst unter dem Einfluß des Heimatschutzes steckte man bis zum Jungfraujoch die Hotels instinktlos in Bauerntracht.

Foto: Ing. C. Hubacher

**70**

Die flachgedeckten Häuserreihen passen sich aufs engste den Falten des Terrains an, gleichgültig, ob sie im Süden oder Norden liegen.

**Cesarò mit Aetna** (Sizilien)

Foto: S.-G.

**71** **Vorstadt im Haag** um **1900.** Aufgenommen von einem Dach der Laan van der Merdervortstraat. Das flache DACH bringt im Gegensatz zum Steildach, das die Häuser voneinander trennt und leicht ein Chaos schafft, ordnenden Zusammenklang der Häusermassen und Höhendifferenzen.

Foto: Comp. Aérienne

**72** **Blida** (Marokko). Auch hier erhöhen flache Dachflächen den Reiz, der durch Aneinanderreihung gleicher Typen entsteht.

**73**

Foto:
„L'architecture vivante"

Passerelle auf der Höhe des Daches →

LE CORBUSIER:

**Verschmelzung von Haus und Landschaft**

Haus bei St. Cloud

**1928**

Das Terrain wird mehr geschont als je zuvor: So wird z. B. in diesem Fall das Land unangetastet gelassen und

74

Foto: „L'architecture vivante"

LE CORBUSIER:

**Dachgarten** des gleichen Hauses. Man betritt den Dachgarten im Hintergrund links.

**Das Haus ohne Sockel:**

LE CORBUSIER:

**Obdachlosenasyl, Paris 1927**

Anstatt eines Lichthofs baut der Architekt auch hier auf engstem Raum offen! Er gewinnt dadurch Aussicht auf Gärten und durch Hochhebung des Baus und Ausnutzung des Eisenbetonskeletts, eine geschützte Turnhalle.

**76**

Foto: S.-G.

**Das Haus ohne Sockel:**

M. E. HAEFELI:

**Häuser an der Wasserwerkstraße Zürich, 1928**

Die Pfeilerhalle entsteht hier durch das abfallende Terrain. Anstatt sockelförmiger Umschließung tritt Oeffnung des Hauses, sowie geschützte und nahe Verbindung mit Garten und Land.

77

LE CORBUSIER:

**Obdachlosenheim**
**Paris 1927**

Schiebefenster

**Das Fenster**

R. J. NEUTRA: Stahlspiegelglasfenster in einem Wohnraum, Los Angeles, vergl. Abb. 41.

79

Foto: S.-G.

R. STEIGER:

**Schiebefenster**

**mit**

**Eternitladen**

(Einfamilienhaus

Kilchberg-Zürich)

(vgl. Abb. 22, 23)

80 **Detail** des an der Außenwand auf einer Schiene gleitenden Schiebefenster Es genügt ein kleiner Hebeldruck, um am Rahmen angebrachte Feder zu entspannen und das Fenster hermetisch abzuschließen. Der Lade aus Eternit rollt auf der oberen Schiene und hat seine Führung auße dem an der Unterkante der untern Schiene, auf der das Fenster rol

Foto: Hubach

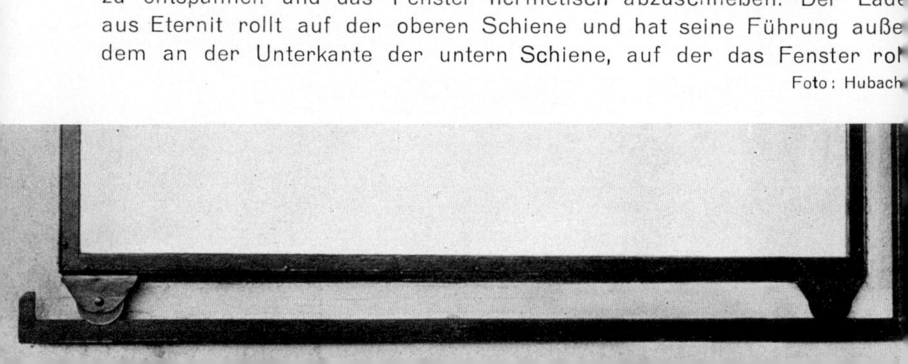

**81** LE CORBUSIER: **Haus bei St. Cloud 1928** Foto: „L'architecture vivante"

**Fensterwand.**

Immer mehr tritt das Glas (Licht) an Stelle der Mauer (Dunkelheit).

**82** ANDRÉ LURCAT: **Turnplatz auf dem Dach des Hauses Guggenbühl, Pari 1926/27**

Auf dem Dach Douche und Turngeräte zu haben, ist vorteilhafter als e für eine Lagerstätte von altem Gerümpel auszunützen.

Photo: „Illustriertes Blatt" Frankfurt a. M. Nr. 5 1929.

3 Wer heute von Sport und Gymnastik kommt, trägt ein befreites Körpergefühl in sich, das auch das kerkermässig verklemmte Haus nicht mehr verträgt, Licht, Luft, Oeffnung, Beweglichkeit.

84

H. und B. RASCH:

**Entwurf zu einem Schwimmbad aus Glasbeton**

**1928**

Durchsichtiges Bassin. Das Wasser im Bassin ist überall hell und durchsichtig. Der Raum darunter ist ausgenutzt als Gymnastikhalle. Das Bassin ruht auf Kragträgern, die beidseitig gestützt sind. - STADION-SCHWIMMBAD von 100m Länge und 40 m Breite.

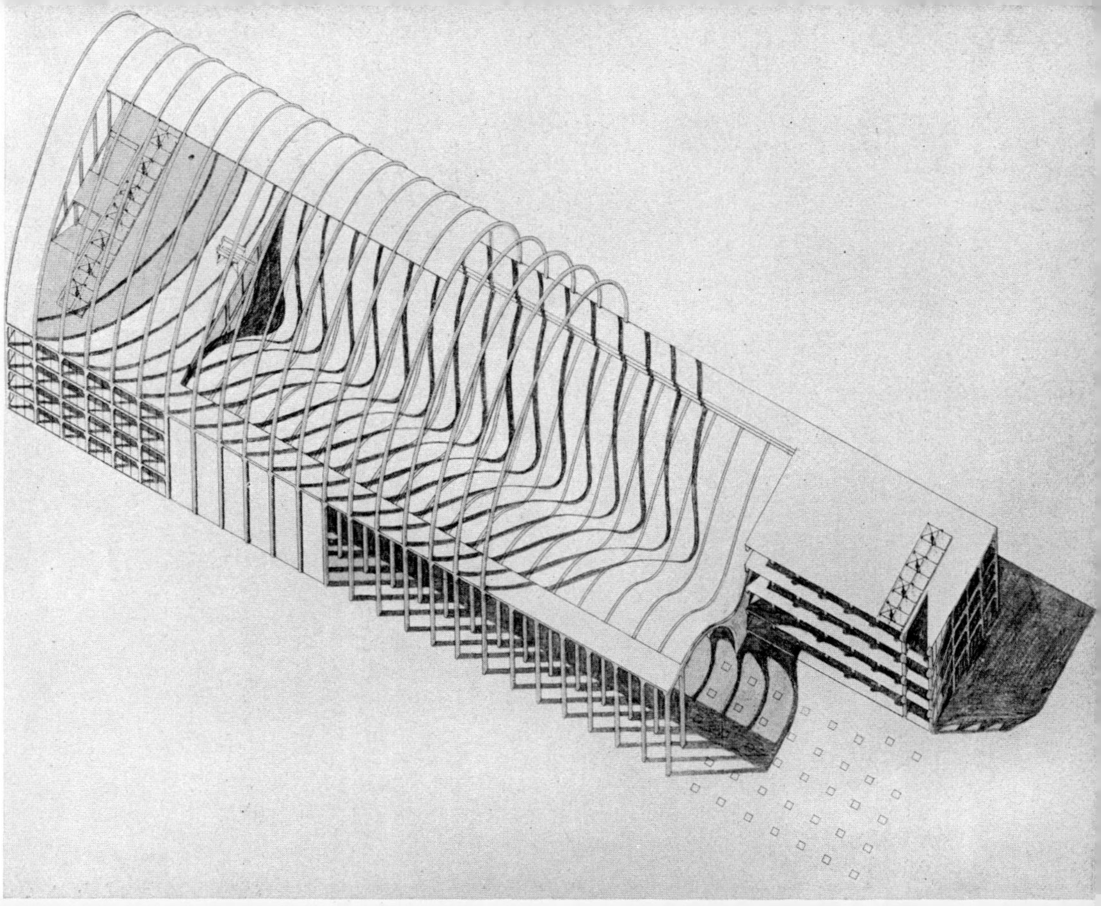

85

Foto: Wilhelm Pleyer, Zürich

**Strandbad**

Die Massen verlangen heute instinktiv nach Sonne, Licht, Bewegung. Grünflächen treten an Stelle des „Stadtparks“.

86

Foto: K. L. M.

JAN WILS
(Mitarbeiter C. van Eesteren):

**Das Stadion** der olympischen Spiele in Amsterdam.

Erbaut
**1926—1928**